外语教育教学研究 2

主编　李运博　黄　慧

对外经济贸易大学出版社
中国·北京

图书在版编目（CIP）数据

外语教育教学研究. 2 / 李运博，黄慧主编. —北京：对外经济贸易大学出版社，2024.1

ISBN 978-7-5663-2578-5

Ⅰ. ①外… Ⅱ. ①李… ②黄… Ⅲ. ①外语教学–教学研究–文集 Ⅳ. ①H09-53

中国国家版本馆 CIP 数据核字（2024）第 018796 号

外语教育教学研究 2

李运博　黄　慧　主编
责任编辑：杨娇娇
助理编辑：邓钰锦

出版发行：对外经济贸易大学出版社
社　　址：北京市朝阳区惠新东街 10 号
网　　址：www.uibep.com
资源网址：www.uibepresources.com
邮政编码：100029
邮购电话：010－64492338
发行部电话：010－64492342
E-mail：uibep@126.com

成品尺寸：170mm×240mm
印　　张：7.25
字　　数：126 千字
ISBN 978-7-5663-2578-5
印　　刷：北京九州迅驰传媒文化有限公司
版　　次：2024 年 1 月北京第 1 版
印　　次：2024 年 1 月第 1 次印刷
定　　价：58.00 元

目录 Contents

第一部分　新文科建设背景下的外语专业建设与人才培养

第二部分　交叉融合视阈下的外语一流课程建设

第一部分

新文科建设背景下的外语专业建设与人才培养

新文科建设：学科交叉融合背景下的外语专业改造与提升

李运博[①]

摘　要：进入新时代，高等教育的发展既面临着巨大机遇，也面对着严峻挑战。教育强国，高校何为？教育强国，外语何为？这一时代之问更是对高等院校外语专业的发展建设提出了具体任务和要求。本文将着重围绕新文科发展战略的具体目标和任务，结合笔者所在学校对外经济贸易大学建设实际，探讨学科交叉融合背景下的外语专业新文科建设的具体方法和实施路径。

关键词：新文科；学科交叉；外语教育；新外语

0　引言

为适应新时代哲学社会科学发展的新要求，推进哲学社会科学与新一轮科技革命和产业变革交叉融合，教育部继 2018 年提出新文科发展战略之后，先后印发了《教育部关于加快建设高水平本科教育全面提高人才培养能力的意见》等文件，并于 2019 年 4 月在《“六卓越一拔尖”2.0 计划开工报告》中提出进一步加快建设高水平本科教育，全面提高人才培养能力。其中，明确了新文科建设的六大建设任务：（1）搭建社会主义先进文化的主要载体；（2）把握好新时代哲学社会科学发展的新要求；（3）推动哲学社会科学与新科技革命的交叉融合；（4）培养新时代的哲学社会科学家；（5）提升国家文化软实力和中华文化影响力；（6）创造光耀时代、光耀世界的中华文化。

---

① 李运博，对外经济贸易大学教授，主要研究方向为日语语言（词汇）学、汉日翻译研究。本论文为 2020 年北京高等教育本科教学改革创新项目“基于《国标》与《指南》指导下的日语专业基础阶段教学改革与创新”（项目编号：2020-BJ-JG20685；项目主持人：李运博）、首批教育部新文科研究与改革实践项目“学科交叉融合背景下的多语种专业改造提升与实践”（项目编号：2021050012；项目主持人：李运博）的阶段性成果。

2020 年 11 月 3 日，由教育部新文科建设工作组主办的新文科建设工作会议在山东大学（威海）召开。会议研究了新时代中国高等文科教育创新发展举措，发布了《新文科建设宣言》，对新文科建设作出了全面部署，明确提出：新文科要在科技革命和产业变革的背景下，紧扣国家软实力建设和文化发展的需求，与现代信息技术结合，打造"金专"，推动文科专业优化和改造升级以及整体水平的提升。同时，"新文科"建设需要在思想领域，突出"中国特色"与"新时代新使命"的结合，构建具有"中国特色"的文科人才培养体系，特别是要在守住社会主义核心价值观的前提下，强调文科在世界观、人生观、价值观塑造方面的引领作用；在技术方法层面，要注重创新，具体来说，就是要在专业结构设置、人才培养模式、课程设置等方面实现创新，融合新技术、新手段、新方法，交叉学科融合再出新。

2021 年 1 月，"交叉学科"正式新增为第 14 个学科门类。同年 3 月，教育部颁布了《教育部办公厅关于推荐新文科研究与改革实践项目的通知》（教高厅函〔2021〕10 号），正式推出了《新文科研究与改革实践项目指南》，分别设置了新文科建设发展理念、专业优化、人才培养模式改革、重点领域分类推进、师资队伍建设、特色质量文化建设研究与实践等 6 个选题领域、22 个选题方向。同时，自 2021 年起，教育部高等教育司都在当年的《工作要点》中对外语专业的新文科建设提出了具体的工作要求，例如，要加快新文科建设，培养"一精多会、一专多能"的高素质国际化外语人才（《2021 年工作要点》，教高司函〔2021〕1 号）；要深化高校外语教学改革，加强外语非通用语种、涉外法治、国际新闻传播等关键领域涉外人才培养，要深化新文科建设，推进现代信息技术与传统文科专业、文科与理工农医科专业深度交叉融合（《2022 年工作要点》，教高司函〔2022〕1 号）。

如上所述，教育部高度重视新文科建设工作，并做了周密部署。如何有效贯彻落实教育部的相关精神，建设符合新时代发展要求、满足社会需求、充分体现对外经济贸易大学办学特色的外语专业是一个迫切而重要的课题。

1 "新外语"专业建设的目标与任务

中国人民大学校长刘伟（2022）认为："'新文科'是以马克思主义为指导，以习近平新时代中国特色社会主义思想为根本遵循，面向新时代、新技术、全球化大背景，突破传统文科思维框架，以技术融合、学科交叉、理论创新为主要途径，通过专业课程、教材和平台建设，推动传统文科迭代升级，从专业分割转向交叉融合，集学科建设哲学、人才培养模式、学术发展规律为一体的综合性概念。”

外语专业是高等院校文科类专业的重要组成部分，自然需要承担起新文科建设的重要任务和时代使命。同时，新文科建设的时代特征与历史使命也会极大地推动外语学科的内涵式发展。实际上，自20世纪末开始，外语专业的教育教学改革就得到了广泛关注，“商务外语”等新概念、新模式、新思维纷纷应运而生，“外语+”的专业发展模式和人才培养目标成为热点话题且长盛不衰，围绕外语与其他学科交叉、融合的探索也已开展了多年，取得了一系列的成果，特别是在复合型外语人才培养、全外文（英文）授课（如医学英语、法律英语、汽车英语等）、外语与现代技术结合、基于其他学科成果的外语研究（如数据库语言学）等方面取得了长足的，甚至可以说是历史性的进步。但是，时代发展和社会的不断进步对外语教学与外语专业发展提出了新任务、新要求。外语专业的新文科建设还有很长的路要走（何莲珍，2021）。外语界始终在考问：外语学科与其他学科交叉融合的边界到底在哪里？外语学科可以为交叉学科提供什么？交叉学科又能为外语学科本体建设提供什么？（蒋洪新、杨宁、宁琦，2020）

2021年，在北京外国语大学80周年建校之际，习近平总书记在给北外老教授的回信中指出，外语专业要大量培养具有“深化中外交流，增进各国人民友谊，推动构建人类命运共同体，讲好中国故事”能力的高素质国际化复合型人才。这也是党和国家对外语专业的人才培养以及外语专业的发展建设提出的具体要求。

当前，广大外语专业的教师已经深刻意识到，传统的外语专业建设已经难以适应新时代背景下国家和社会发展需要。一个残酷的现实也越来越清晰、真实地摆在面前：对于一个外语专业毕业生而言，无论他掌握的词汇多么丰富，语法多么准确，听说读写译的技能多么熟练，也只能说明他仅仅完成了语言知识和语言技能的储备，要想有效运用这些语言知识和技能，他们必须结合专门语境进行系统的专业与技能训练，如国际经济与贸易领域的经贸知识，外交领域的国际关系，涉外法律领域的法律知识等。这就意味着，在国家大力建设新工科、新医科、新农科和新文科的背景下，“新外语”学科建设迫在眉睫。

那么，该如何建设“新外语”学科呢？如前所述，“新外语”建设是在新文科建设的大背景下产生的，是新文科建设的一个重要方面，自然要体现新文科建设的基本特点和要求。关于新文科建设的主要内容，李孝德（2021）认为：“从重点任务上看，新文科重在建设新专业和新方向，探索新模式，建设新课程，构建新理论，要实现观念更新，改善制度供给，改革完善教育管理制度，优化教育评价体系；从具体方式上看，新文科重在‘融合与发展’，实现从‘分科治学’转变为‘科际融合’，从‘重学科轻问题’转向‘重问题轻学科’，从‘重既有世界和知识’转向‘关心变化的中国和世界’。”可见，学科交叉融合是推进新文科建设的重要途径，是高等教育持续发展的推动力，更是培养复合型高质量人才的必然要求和最有效的途径。同时需要注意的是，这里所说的学科交叉，已经不是以往我们强调的人文学科内部的跨文化或人文知识的交叉，也不是传统意义上的外语学科与认知、心理、文化、历史等学科在知识层面的交叉，而是要把服从和服务于经济社会发展需要作为根本目标，将满足社会需求作为专业优化调整、课程建设的首要原则。具体来说，就是要在深刻思考外语专业的目标任务、发展方向、育人模式等核心问题的基础上，积极与国家急需的理、工、农、医等“硬学科”以及各种新技术、新产业、新模式交叉融合。

需要特别说明的是，受客观条件所限，本文所谓的“外语专业”指的是除英语以外的各语种专业，也就是人们俗称的“小语种专业”。

2 对外经济贸易大学外语学科建设的现状与课题

对外经济贸易大学作为一所多科性财经外语类高校，外语教育是学校整体发展建设的重要特色之一。学校的外语学科创建于 1951 年，1978 年开始招收研究生，1981 年获批硕士学位授权，是国内首批硕士学位授权单位之一，2003 年获得外国语言文学一级学科硕士学位授予权，2017 年获得外国语言文学一级学科博士学位授予权，2019 年获批开设外国语言文学博士后流动站，已形成本—硕—博—博士后一体化、多语种协调发展的复合型高端外语人才培养体系。外语学院现有的 12 个语种（专业），或为国家级特色专业，或成功入选国家级、省部级一流本科专业建设点，在第四轮全国学科评估中获得 A – 成绩，位居国内一流学科行列，可谓是办学历史悠久、学术积淀深厚，在国内外具有较高的学术影响。

学校始终秉承财经外语类高校办学特色，大力加强“商务外语”专业建设，将“商务外语”专业人才培养打造成一张享誉世界的亮丽名片；积极加强学科交叉融合，在全国率先开设“国际组织基地班”和“三语”培养等各类“专业 + 外语”“外语 + 专业”“专业 + 英语 + 非通用语种”的实验班，其成果荣获国家级优秀教学成果二等奖（2018）；积极探索复合型人才培养的保障机制，率先在全校推行弹性学分制改革，实行全面弹性学分制，受到了全国各高校的普遍关注，其成果“以学生为本的弹性学分制管理十五年改革与实践”荣获国家级优秀教学成果二等奖（2018）。经过70余年的不断探索，学校外语学院已经成功探索出一套复合型高级外语人才的培养模式和机制，60%左右的毕业生可以获得文学+国际经贸、法律、金融等专业双学位（辅修学位），毕业生始终保持高比例就业，得到了广泛认可和一致好评。

目前，学校外语学院一方面紧密结合学校办学特色，积极尝试与学校国际经贸、法律、金融等优势专业进行更加深度的交叉融合，深入探讨开设经贸翻译专训班、涉外国际法律人才班等实验班或人才培养项目，积极申报“双学位”人才培养项目；另一方面，认真落实《普通高等学校本科专业类教学质量国家标准》（以下简称《国标》）和《普通高等学校本科外国语言文学类专业教学指南》（以下简称《指南》）的相关要求，对相关课程进行调整和完善，重点增加国际贸易实务、国际关系、世界经济等方面的课程。

不过，正如蔡基刚（2021）指出的那样，“新外语”要从追求学科发展导向到追求市场和社会需求导向，要追求学科大交叉的跨界，要形成专门用途外语（商务外语，笔者注）的新课程体系。可以说，我们还面临着众多的课题。总结起来，学校外语学院目前主要面临以下三个方面的课题：

（1）优化专业结构。坚持立德树人的根本原则，以满足社会需求作为专业优化调整的目标，修订并完善教学大纲、人才培养方案、课程设置等，进一步深化外语专业的内涵建设，培养大批“一精多会、一专多能”的复合型高级外语人才。

（2）探索学科交叉和以市场需求为导向的人才培养模式。大力加强外语与数学、统计学等基础学科，以及国际贸易、金融、法律等优势学科专业的交叉融合，积极开展校内交叉培养，实现院系间、国际间的交流合作，构建一套完善的人才培养模式和机制。

（3）提高课程建设质量。切实贯彻落实《国标》和《指南》的相关要求，加强“精品教材”和“一流课程”建设，努力提高课程建设的高阶性、创新性和挑战度，打造一批“金课”。

3 “新外语”专业建设的基本思路和主要措施

综合来看，我校建设“新外语”专业的基本思路是：坚持“商务外语”人才培养特色，坚持以教学质量树立专业品牌，以高水平师资强化专业实力，以复合型、国际化为特色塑造专业形象。以新文科建设为契机，全面推进外语专业的改造提升与实践，探索学科交叉融合、产教融合、科教结合的协同育人机制，以“精外语、懂经贸、宽视野、善思辨”为目标，培养“一精多会”“一专多能”的复合型高级外语专业人才，助力学校“双一流”建设，打造国内一流、具有一定国际影响力的高水平新文科专业。

具体来说，就是要坚持以目标和问题为导向，全面推进“新外语”专业建设，着重做好以下七个方面的工作。

（1）落实立德树人根本任务，做好“三全育人”工作，进一步深化思政课程改革，加强课程思政建设。坚持把思政工作贯穿教育教学的全过程，充分发挥课堂教学主渠道作用，做到以树人为核心，以立德为根本。

（2）深化教育教学改革。优化专业结构，构建“专业＋英语＋α”“通识教育＋专业教育”相结合的高水平人才培养体系。创新人才培养模式，完善弹性学分制改革，全方位推进专业发展、课堂教学、教材与课程研发、人才培养等方面建设。

（3）强化基础阶段教育，以基础阶段专业人才培养为抓手，优化人才培养方案，探索符合新时代要求、具备新文科特点的教学模式和人才培养机制。具体任务和目标如下：

① 强化学生外语专业意识，形成“爱专业、懂对象国、争一流”的良好学风。

② 围绕“一精多会、一专多能”的目标落实专业外语和英语能力的培养，充分发挥多语种优势，积极开设通识课、通开课、研讨课等课程，提升对学生中国情怀和国际视野培养的效果和水平。

③ 加强以自主学习、协同（合作）学习、翻转课堂为特色的教学方法的更新以及“微课”“精品课”“云课堂”“在线教学”等现代教育教学模式的运用，加强以网络、计算机辅助教学为重点的课件、网络建设以及学习风格和学习策略的研究与运用。

④ 加强对数学、统计学等基础学科能力的培养，进一步提高学生逻辑思维能力，提升综合素质。

（4）创新高年级阶段人才培养模式，完善人才培养体系，推动新文科建设。采用弹性学分制，全面开展双学位、辅修专业教育及暑期国际学校的相关教学活动，实现“外语＋α”复合型人才培养。具体任务和目标如下：

① 推动教育教学改革，培养学生的自主学习和思辨能力，探索新教育手段与外语基础课结合的方式，打造新外语课堂，培育专业创新点，突出复合型、国际化、精英型的人才培养特色。服务国家战略，实现语言技能传授与

区域国别研究相结合。

② 完善课程建设体系，积极探索新技术的应用，利用MOOC、云课堂等手段，实现课程的“数字化”，力争在慕课、微课程群、国家级精品课程建设等方面获得更大突破。

③ 推动与其他专业的交叉融合，创新跨专业培养模式，建立与经、管、法等专业深度融合的新文科培养方案。推动与学校区域国别研究院的深度融合，提升学生国际视野和跨文化沟通交流的能力。

（5）推进教学方法和教学资源的更新。加强高水平教材研制与编写、“精品课程”“一流课程”“示范课程”等方面的建设，进一步强化对学生实践能力的培养，不断完善实践教学环节，实现学生实践能力的不断提升。

（6）拓展国际交流与合作。积极与国外知名大学、教育机构和国际性组织开展交流合作，创新合作模式；聘请国外知名大学的学者、国际性组织主要成员来校作讲座或访学，实现国际优质师资资源的共享。

（7）按照学生就业、留学、国内深造的不同发展导向实行分类培养，因材施教，坚持特色培养，通过产教联动、科教融合，培养学生的专业能力以及跨文化、跨专业的实践执行力和创新创业能力。

4 结语

本文在对现有外语专业发展建设现状、存在的问题及相关建设经验进行较为全面的梳理和分析的基础上，结合新时代对新文科建设的具体要求，切实贯彻落实教育部以及《国标》和《指南》相关要求，努力探索以学科交叉为基本方式，以服从和服务于经济社会发展需求为根本目标的“新外语”专业建设的方法和途径，努力建立一套与时俱进的“新外语”学科人才培养质量保证和监控机制。

本文的研究成果既是对教育部相关工作的具体落实，又可以有效满足当前外语专业，特别是小语种专业发展建设的迫切需求；既是对新时期外语专业教育教学的顶层设计，又是对“新外语”专业建设的有益探讨，具有一定的先导性、针对性和示范性。当然，无须赘言，“新外语”这一概念尚属新生事物，甚至还存在着诸多议论，因此本领域的研究无论是在研究内容上，还是在研究的方法和途径上，都还存在着更宽视野和更深层次的探索空间。

参考文献：

蔡基刚，2020. 一流本科课程与专业建设的重组新概念：以外语学科为例［J］. 东北师大学报（哲学社会科学版）(3)：7-12.

蔡基刚，2021. 学科交叉：新文科背景下的新外语构建和学科体系探索［J］. 东北师大学报（哲学社会科学版）(3)：14-19+26.

何莲珍，2021. 新文科与外语学科建设：综合性大学的探索与实践［J］. 中国外语，18（1）：8-9.

蒋洪新，杨宁，宁琦，2020. 新时代外语教育的战略思考［J］. 外语教学与研究（1）：12-16.

李孝德，2021. 新文科建设的中国式方案和探索性实践［N］. 光明日报（学术版），08-20（6）.

李运博，2021. 外语类专业课程思政建设体系与发展路径研究［M］//李运博，黄慧. 外语教育教学研究 1. 北京：对外经济贸易大学出版社：3-10.

刘伟，2022. 从学科交叉到交叉学科如何进档升级：中国人民大学学科交叉融合与新文科建设协同创新的经验［N］. 中国教育报，07-26（5）.

注意力经济时代的高校外语人才培养：现实挑战与路向选择

胡　明①

摘　要：面对互联网注意力经济的冲击，高校外语教学不能将互联网新兴事物排斥于千里之外，也不能袖手旁观，任其肆意“蹂躏”学生注意力。客观地认识注意力经济时代对高校外语人才培养带来的现实挑战是新时代外语教育高质量发展的必要前提，积极引导学生将注意力理性地投放于网络并辩证对待和运用信息资源是高校外语人才培养面临的一项重要任务。

关键词：注意力经济；外语；人才培养

0　引言

随着互联网经济和传媒经济的深入发展，我们不断从交易经济转向注意力驱动的经济。著名的诺贝尔奖获得者赫伯特·西蒙曾指出：“随着信息的发展，有价值的不是信息，而是注意力。”我们正处在一个信息过剩而注意力稀缺的时代。从高校外语人才培养的角度看，注意力经济的迅速崛起给外语人才培养带来发展契机的同时也引发了诸多问题。我们必须从外语人才服务国家战略的角度出发，科学研判注意力经济所带来的挑战，在提升对注意力经济的客观认知水平的前提下，做好外语人才培养的路向选择，让注意力经济更好地助力高校外语人才的培养。

1　注意力经济的内涵

20 世纪 70 年代，诺贝尔经济学奖获得者赫伯特·西蒙提出信息的丰富

---

① 胡明，对外经济贸易大学外语学院副教授，研究方向为区域国别研究（俄罗斯经济、中俄经贸关系）。
本文系国家哲学社会科学青年项目“注意力经济视域下中俄贸易模式创新与实现路径研究”（项目号：21CGJ042）、对外经济贸易大学校级培育项目“中俄数字贸易研究”（项目号：22PY030-21CGJ042）和对外经济贸易大学 2022 年课程思政示范项目“视听说（俄）（一）”的阶段性研究成果。

导致注意力资源短缺的思想，成为注意力经济的思想源头。20 世纪 90 年代，心理学家桑盖特、修辞学家理查德·莱汉姆、经济学家米切尔·高德哈伯等分别从不同领域提出了“注意力经济”的概念。目前，注意力经济在西方已经成为一种社会思潮、一种学术流派、一种经济形态。

在中国，“注意力经济”概念的提出起源于 20 世纪末，其普及最早得益于商业炒作。我国著名门户网站“搜狐”的创始人张朝阳在互联网初创阶段提出了“注意力经济”的概念。随着互联网技术的进步，国内专家学者也日益关注注意力经济问题，其中包括对注意力经济的现象和理论、注意力传播规律和商业模式，以及注意力经济中的伦理问题等方面的研究。浙江工业大学张雷教授指出，注意力经济学革命是经济学的第八次革命。显然，注意力经济已经成为互联网时代的主流经济。

那么，究竟什么是“注意力经济”？注意力经济时代又具备什么样的特征？

顾名思义，注意力经济是指围绕人们在网络上的关注而导致的经济结果。百度百科对“注意力经济”做了明确的释义，即“注意力经济是指企业最大限度地吸引用户或消费者的注意力，通过培养潜在的消费群体，以期获得最大未来商业利益的一种特殊的经济模式”。互联网发展产生的浏览、搜索、电商、社交、视频共享等，都是“注意力”演化的结果。互联网经济中的流量、内容、渠道、模式等，都是围绕“注意力”来变化和迭代的，于是注意力就有了资本的属性。当下流行的“网红经济”“带货经济”“眼球经济”等都属于注意力经济范畴，体验经济、意向经济也已被纳入西方注意力经济学的研究范畴。

俄罗斯教育家乌申斯基曾指出：“注意是我们心灵的唯一门户，意识中的一切，必然都要经过它才能进来。”在当今世界，大量信息不断进入大众视线，但消失得也很快。大数据推送让我们在享受信息服务的同时也对个人隐私安全深感不安，频繁刷文字和短视频让我们的注意力被吸引的同时也会让我们因虚度时光而感到空虚失落，线上频繁的社交讨论让我们感觉到便捷的同时也容易让我们受到信息的误导，电子商务在服务于大众的同时也让我们的消费观受到了较大考验。注意力经济时代特征明显，如隐私显现、娱乐至上、个人主义、消费异化等（岳天明、张成恩，2022：64-65）。

2 注意力经济时代对高校外语人才培养的挑战

在有限的注意力和飞速发展的互联网时代，各网络平台和商家为了争夺受众的注意力，广泛使用云计算、大数据分析、精准链接推送等高科技手段。

“抖音”“小红书”“快手”等短视频平台、UC 等浏览器、各种网络游戏以及淘宝、京东等购物平台，在高科技的助力下全方位地吸引着受众的注意力，而热衷于网络生活的大学生更是他们重点“围猎”的“对象”。外语专业学生属于外向型培养对象，面对多元文化交融的学习环境，表现出思想前卫、善于表达、个性鲜明、对外来事物接受速度快、注重自我价值等特征。在此背景下，要培养符合国家战略需求的高素质复合型外语人才，了解注意力经济给高校外语人才培养带来的挑战至关重要。

2.1 课外丰富的信息资源与学生有限的课堂注意力之间的矛盾

传统的外语课堂大多致力于语言学层面的音形义的讲解，显然脱离了注意力经济发展对外语人才的要求。外语教学，尤其是小语种教学，面对的教学对象通常是外语零起点的学生，要让学生在仅有的大学四年期间牢固掌握并灵活运用一门语言，难度之大不言而喻。教学计划紧、教学任务重是高校外语教学的常态。高校教师在规定教学时间内完成既定语言知识和语言技能的传授已十分不易，而单纯的语言学层面的语料分析已不能包罗注意力经济时代呈现的语言信息形式的学习。这需要我们在教学资源中合理安排多元功能类型的语料学习比例。如果课堂上大部分内容为枯燥的语法和语音，则势必会消磨学生的好奇心和分散学生的注意力。此外，互联网时代新的教学模式对外语教学的硬件设备要求很高，但是在当前的经济水平和教育环境下，要想实现整体物联网环境下信息设备的完备相对较困难。当代大学生是在互联网环境下成长起来的，他们能够熟练地通过多种多样的渠道获取信息。当课堂上灌输给他们的多种信息源和外部丰富的信息资源构成相互竞争关系时，必然是外部信息源更能够成功地吸引大学生的注意力，因为互联网上的各类 App 会让大学生同时实现注意力付出、娱乐消遣以及信息获取的目的。

2.2 多元复杂的传媒生态与学生注意力个性化、分散化之间的矛盾

媒体生态环境是传媒系统、社会系统和人群三者之间相互作用形成的一种关系。媒介生态系统的任何一种变化都会导致社会生态系统的一系列变化（魏学宏，2011：134-137）。随着互联网在全球范围内的高速发展，传媒生态愈显多元和复杂。大学生虽已成年，但对现代加速社会带来的各方面危险和陷阱的客观鉴别和规避能力仍显不足，学生个体在当下的信息摄入都会成为其国际话语标准的储备基础，而单凭学生自我个性化的选择，很难将正确的、有价值的信息摄入体验整合到自己的经验与行动之中。此外，长期沉浸于“注意力经济”的当代大学生容易沾染上看似个性实则丧失文化理性的追求浮夸、崇尚享乐等不良风气。因此，高校外语人才的培养就是要在拓展大学生全球

视野的同时，培养他们正确的价值观、坚定他们的理想信念、淬炼他们的家国情怀，通过投身社会实践“铸魂育人”，从而培育新时代中国特色社会主义建设者和接班人，为我国提升国际话语权做好人才储备工作。

2.3 日新月异的互联网科技与教师相对落后的信息技术应用水平之间的矛盾

随着信息技术在各领域的不断深入发展，我国对教育信息化也有了相应要求。如何运用数字工具对信息进行检索、处理、管理、分享和创造已成为注意力经济时代语言学习的关键切入点。注意力经济时代有非常丰富的外语文本、音频、视频等教学资源，能有效地将图、文、声、像融为一体，外语教学呈现出教学量大、信息反馈及时、方式灵活多变等特征。但是在实际的外语信息化教学应用中仍存在较大问题，如一些教师和学生还没有从传统的教学模式中转变过来，一些教师不能适应在课堂中运用先进的信息技术手段。他们认为，学生接受的内容是有限的。如果课堂信息量太大，教学方式过于花哨反而会转移学生的注意力。因此，我国高校外语课堂目前采用的教学方法和手段仍相对传统和单一，大多课堂对单一纸笔教材依赖度较高。一方面是因为利用互联网信息技术进行外语课堂资源建设仍任重道远。外语课堂，尤其是小语种课堂的线上资源建设尚不完善，尚未形成常态化、规模化的现代化教学资源体系，高校外语教师的教育信息化尚无法“照本宣科”。另一方面，鉴于高校外语教师教学任务繁重，大部分教师无法脱产进修，大大影响了教师的自主学习和信息技术应用技能的提升。而如今的大学生是在信息时代成长起来的一代，对信息技术的掌握和应用能力较强，信息素养较高。倘若课堂教学手段单一，便会消磨培养对象的外语学习兴趣。而且在日常的外语学习情境中，学习资源已转变成各种超链接构成的语篇综合体，如果课堂教学不能打破传统纸媒语言文字学习的局限性，便会抑制学生的外语学习动力。

3 注意力经济时代高校外语人才培养的路向选择

3.1 加强高校外语信息化教学资源的建设和应用

第一，完善高校外语教学资源信息化的设备。高校要想切实推进和落实信息化教学，革新和完善教学基础设施是必不可少的。首先，在课堂教学环境中，不仅要配备多媒体教授设备，同时对于学生使用的学习设备也应实现信息化，如回答问题、完成练习的设备等，从而使得学生可以及时接收反馈信息，教师也可以及时了解学生的学习动态。其次，还要建立完备的师生课后互动平台，让教师与学生在课后也可以及时互动。学生们可以通过互动平台公布信息，共享资源，摆脱以往的被动学习方式，主动寻找自己喜欢的学习资源，学会主动学习，体会学习的乐趣。此外，高校外语教学也应在第二课堂信息化平台建设方面努力做出尝试，外语教学非常需要将第二课堂作为学生提升社会实践能力的必要补充。如果能建立起“第二云课堂”，将外语专业学生在实践活动中的资源、信息、表现、成果进行信息化建设和梳理，不仅能对第一课堂的教学内容进行针对性的练习和巩固，从而提升学习效果，也能为学生提供实践参考和信息便利，大大增强学生学习外语的内在驱动力，进而对标培养目标，提升外语专业学生的综合素质。

第二，建立完备的数字化外语教学资源库。除对每个教学内容进行精心的教学设计和资源建设外，还应提供丰富多样的、合乎教学实际的视听说资源供学生们使用，通过多种形式的教学材料激发学生主动学习、积极学习的欲望，并结合学生自身特点给予有针对性的帮助和指导。还可以通过多方资料整合，建立完备的外语题库和考试资料库，不仅可以为学生准备考试和讨论相关话题提供平台，也能在一定程度上拓宽学生的学习资源以及发展空间。

第三，提升外语教师教学信息技术应用水平。首先，要鼓励教师转换思维，客观意识到在信息技术快速发展和注意力短缺的当下，信息化教学对高校外语教学产生的积极影响，从而不断提升自身的信息化素养。其次，要加强对教师的教学技能培训，让教师在改变传统教学理念的同时，掌握先进的信息技术，并熟练应用到外语教学的各个环节。此外，应充分发挥高校外语教师的主观能动性，针对高校外语教学知识的实际特点，融合信息化教学方式，设计出符合学生认知特点和注意力特征的教学内容，积极为外语教学资源信息化做出贡献。

第四，高校除应给予相应的资金支持外，还应建立相对完备与科学的信息化教学评估和管理制度，对教学资源信息化的建设和应用要进行科学完善的监督和管理，并给予适当的引导，从而努力构建比较完善和优质的信息化教学环境。

3.2 丰富集中学生注意力的教学设计和手段

当今的大学生对教师的教学设计和教学方法的期望值较高，要想让外语专业学生的学习内在驱动力更强，就需要高校外语教师精心做好教学设计，不断丰富教学手段。首先，高校外语教学可建立“一中心双主体三维度四融合五部曲”的教学模式，让学生由被动接受型向主动输出型转变，即基于 OBE 教学理念，以学生为中心，以师生为主体，依据“底线评价机制”，从知识传授、能力培养、品德塑造三个维度设置课程目标，使课程目标支撑毕业要求，毕业要求支撑培养目标；并以线上与线下融合、学法与教法融合、第一课堂与第二课堂融合、显性与隐性融合四融合为设计思路；遵循“O-AMAS 有效教学模式”设计教学活动，即明确目标—迅速激活—多元学习—有效测评—简要总结五部曲，从而使学生有限的注意力在课堂得到最大化的吸引和集中，最终达到高质量的教学效果。

其次，高校外语教师应利用数字技术创新教学方法，转变单一纸媒语言层面的教学模式。一方面，外语教学可以利用互联网、人工智能、大数据分析与语言文化学习的有机结合，引导学生进行多模态的学习训练，最终实现课程资源优化配置。另一方面，外语教师可以在课堂中利用数字技术提高学生的听说读写能力，包括数字工具的使用、信息检索和处理、在线学习等。例如，在语音方面，可以利用 AI 语音识别纠音技术提高学生的口语水平；在国情方面，可以通过虚拟仿真技术创建不同国别文化国情的情境，增加情境式交互体验；在写作方面，通过语料库的创建、搜索、应用，辅助学生的专业翻译与学术写作等，不断拓宽学生的眼界，增加学生的注意力集中度，提升学生的外语学习兴趣。此外，课堂上应多鼓励学生充分利用数字工具，并将所获得的信息分小组展示和汇报；在教师评价的基础上增设小组间互评，把学生的交际能力纳入形成性评价体系；布置在线合作的互动任务，增加数字技术与合作式教学体验等；在课堂之外，教师还可以通过社交软件增设师生间的互动分享环节。

3.3 开展引导学生做“注意力主人”的思政教育

据中国互联网络信息中心发布报告统计，中国在校大学生中 95%都是网民，大学生作为新兴事物的积极体验者，既是网民中最大的群体，也是使用网络最活跃的群体。也就是说，在注意力经济时代，大学生的注意力很容易被网络吸引，但网络文化的虚拟性、交互性和开放性容易导致大学生核心价值观的偏差和文化自信的欠缺，甚至使其身心受到伤害。如果粗暴地抵制注意力经济，只会导致大学生的叛逆和抵抗心理。只有通过持久的思政教育，才能引导大学生在注意力经济时代确立正确的思想理性与道德理性，才能引导外语专业学生确立“四个自信”，增强民族自豪感，树立正确的社会主义核心价值观。

首先，教育高校外语专业学生学会“明智点击”。付出注意力是人的基本需求，我们在尊重学生这一特性的同时，需要引导学生有节制、有理性地对待网络信息，要引导他们善于辨别美丑，主动忽视和过滤“垃圾信息”，尤其需要用原有的知识储备和明智的大脑辩证看待国际问题和舆论，在国际问题的大是大非面前不要人云亦云，提升在注意力经济时代的价值判断力以及对社会主义核心价值观和新时代中国特色社会主义的践行力。

其次，教育高校外语专业学生学会“理性展示”。我们在满足学生展示自我的合理需求的同时，要积极引导学生对“自我形象即中国形象”形成良性认知，以防成为注意力经济时代互联网上某些国际“阴谋论”的牺牲品。

此外，还应教育高校外语专业学生学会“辩证平衡”。注意力经济时代，人们很容易陷入“信息茧房”的困境，高校外语专业学生也不例外，他们所关注的信息领域会习惯性地被兴趣所引导，长此以往，势必会形成对某些区域国别信息的掌握失衡现象。高校外语教学应引导学生在回归课堂、回归教育、回归群体和社会的过程中，不断坚守唯物辩证法，对不同国别不同区域的信息摄入既“保持必要的张力”又“达到微妙的平衡”。只有这样，那些被不同注意力经济策略嵌入其中的大学生群体就会有意识地限制停留于各类手机 App 的时间，有意识地接触不同的观点，对注意力经济的本质保持清醒认识。也只有这样，无论出现怎样的新型平台，大学生都会在历史唯物主义的认知框架内认识世界，才能在国际舞台传播好中国声音、讲好中国故事，传递出中华民族的高度自信和构建人类命运共同体的大格局、大胸怀、大境界。

4 小结

综上，注意力经济时代的高校外语人才的培养就是要直面“虚幻世界”，本着“自我形象即中国形象”的基本原则，让他们在注意力经济时代不断锻造和实现社会化个性，培养他们“功成不必在我”和“功成必定有我”的境界认同和历史担当。让新时代外语人才注重适应力，着眼创新力，在关注力的个体化中提升自我的独特价值，让他们拥有家国情怀和胸怀天下的国际视野，真正成为一名合格的新时代中国特色社会主义建设者和接班人。

参考文献：

陈新仁，2020. 高校外语教育中的全球视野与国家意识［J］. 外语教学与研究（1）：22-24.

傅文，2021. 注意力经济背景下增强思政课吸引力路径探析［J］. 大学（思政教研）（3）：17-18.

李艳叶，2013. 外语教学资源信息化的生态建设［J］. 黑龙江高教研究（3）：173-175.

马俊峰，崔昕，2021. 注意力经济的内在逻辑及其批判：克劳迪奥·布埃诺《注意力经济》研究［J］. 南开学报（哲学社会科学版）（3）：68-77.

王军哲，2020. 新文科背景下外语类院校一流本科建设探索与实践［J］. 外语教学（1）：3-6.

魏琛，2020. 新文科视域下认知语言学研究的五个维度［J］. 北京科技大学学报（社会科学版）（1）：39-50.

魏学宏，2011. 传媒多样化形势下的甘肃媒介生态环境［J］. 开发研究（4）：134-137.

吴修铭，2018. 注意力经济：如何把大众的注意力变成生意［M］. 李梁，译. 北京：中信出版社：1.

夏天华，尹广卉，2003. 集中学生注意力的方法［J］. 课程教材教学研究（中教研究）（10）：40.

岳天明，张成恩，2022. 注意力经济时代的高校思想政治教育：现实挑战与路向选择［J］. 兰州文理学院学报（社会科学版）（1）：64-65.

周小李，2019. 注意力经济下学校德育面临的挑战与行动［J］. 教育学报（2）：5-9.

周宣辰，程倩，2020. 注意力经济下网络意识形态面临的挑战及应对［J］. 江海学刊（3）：144-150.

薪火相传的痕迹

——论廖忠霈对廖馥君学术传统的承继与发扬

吕巧平[①]

摘　要：廖忠霈为廖馥君先生哲嗣，1979 年版廖氏《德语语法（修订本）》的修订者。廖忠霈是新中国政务院首位德语翻译、我国第一代德语同传译员、对外经济贸易大学的元老和德语系创始人之一。本文以廖忠霈为研究对象，采用综合研究方法，简述廖忠霈的生平，确认廖忠霈的学术成就，分析廖忠霈对廖馥君学术传统的承继与发扬，评述廖忠霈研究的学科史意义。

关键词：廖忠霈；中国德语教育史；中国德语学科史；德语语法研究

《德语语法》（廖馥君，1959，1979）是我国德语学科史上的经典之作（吕巧平，2015：35）。今天，在论及德语语言学问题时，一些文章仍然会引用该书（张万发，1997；董秀英，2012；吕巧平，2015），而今日学术界所引用的《德语语法》并非该书的 1959 年初版，而是其 1979 年修订版。众所周知，《德语语法》的编者是廖馥君[②]（1895—1971），却鲜有人了解，此书 1979 年版的修订者并非“老廖”廖馥君，而是另有其人，即“小廖”廖忠霈（1925—1983）。

那么，廖忠霈又是何许名宿呢？他对《德语语法》具体做了哪些修订？除了修订《德语语法》，廖忠霈是否还有其他学术著作？如果是，他主要研究

---

① 吕巧平，女，对外经济贸易大学副教授，主要研究中国德语学科史和学术史。本文是对外经济贸易大学中央高校基本科研业务费项目“廖馥君研究”（项目号：12YBYYX01）的阶段性成果。同名文章为对外经济贸易大学七十年华诞而作，于 2021 年 9 月 24 日初登于对外经济贸易大学外语学院新闻网（http://news.uibe. edu.cn/jd/100/info/1044/2276.htm.）。在收入本论文集时，作者做了修订。

② 廖馥君先生是我国德语学科史上的重要学者、对外经济贸易大学德语系创始人之一，他主要研究德语语法、德语教学法和汉德翻译。廖馥君是鲁迅《阿 Q 正传》和毛泽东主席论著《论人民民主专政》德文版的译者，他是《德语语法》的编者、1960 年和 1966 年版《基础德语教材》的主编。廖馥君于 1914 年赴德留学，先后就读于柏林工业大学、慕尼黑工业大学和柏林大学，主修德国文学，获肄业证书。1922 年，廖馥君返回中国，他在同济大学工作了 26 年（1927—1953），在北京对外贸易学院工作了 18 年（1953—1971）（吕巧平，2015）。

哪些主题？廖忠霈与廖馥君的学术历程有何异同？如何评价廖忠霈在中国德语学科史上的地位？本文试图探讨这些问题。

1 廖忠霈学术成果的确定

为了确认廖忠霈的德语教育经历和学术生涯，本研究搜集并统计与廖忠霈相关的历史文献，文献的搜索与分析分三步进行。

（1）查阅对外经济贸易大学《廖忠霈档案》和《廖馥君档案》，了解廖忠霈的生平、学历、德语教学和学术历程。经查证，廖忠霈不仅进行德语教学，而且也专注于学术研究。

（2）采访廖忠霈的后人、学生和历史见证人，召开研讨会①，核实、补充并完善廖忠霈的个人历史数据和文献。经核实，廖忠霈主要以两种方式出版其学术成果：或者以集体的名义，如《基础德语教材》（德语教研室，1980）；或者以其父亲的名义，如《德语语法（修订本）》（廖忠霈，1984；廖馥君，1979）。

（3）比较分析不同版本的《德语语法》和《基础德语教材》，将廖馥君与廖忠霈的合著加以分离，明确廖忠霈所修订或编著的具体内容，从而确定廖忠霈的学术成果。经过比较、分析和反复论证，本研究确认，廖忠霈出版了一部译著（孔尔美，1957），修订了《德语语法（修订本）》（廖馥君，1979），参编或主编了五册《基础德语教材》（德语教研组，1960，1966；德语教研室，1979a，1979b，1980）。

为了确保历史数据的准确性，本研究遵守这样的基本原则：只有在多方共同举证并取得有力的书面证据之后，才做出关于廖忠霈的初步推断；任何一项推断，都得到了相关书面文献的佐证，只有经过多方验证后，才做定论。因此，本文中的历史数据和相关文献均已基本确定，不再特别加注。

2 廖忠霈生平

廖忠霈的一生可分为四个时期：（1）上海时期（1925—1939）；（2）四川时期（1940—1946）；（3）上海求学时期（1946—1950）；（4）北京工作时期（1950—1983）。

廖忠霈在上海度过了其童年和少年时期（1925—1939）。1925 年 10 月 15

---

① 笔者采访了商务印书馆外文编辑室工作人员，采访了廖氏后人、同事、学生和历史见证人。2013 年 9 月 24 日，笔者组织召开了“廖馥君研究”座谈会，也讨论了廖忠霈的学术历程（吕巧平，2015：33）。

日，廖忠霈生于上海，他是廖馥君与魏琳丽丽[1]（Lilli Wehling，1902—1976）的幼子，他的两位兄长[2]均移居海外，故廖忠霈是廖馥君夫妇唯一留在身边并子承父业的孩子。与我国大多数日耳曼学者不同的是，廖忠霈以德语为母语，至 1976 年 7 月，廖忠霈一直生活在德语家庭环境中。1933 年至 1938 年，廖忠霈就读于上海威廉皇帝学校（Kaiser-Wilhelm-Schule zu Shanghai）[3]，他掌握了英、法、俄等语言。当时，汉语还不是他的主要语言。抗战时期，上海八一三淞沪会战后，1938 年至 1939 年，廖忠霈休学。

在四川时期（1940—1946），廖忠霈逐步融入中国社会。1940 年初，廖忠霈由父亲廖馥君接到四川李庄。在补习了三年中文后，1943 年秋，廖忠霈进入同济大学附中高一年级，此时正值抗战后期，1945 年 1 月，廖忠霈应征入伍。1946 年 6 月，他从军队复员。

在上海求学时期（1946—1950），廖忠霈弃医从文。1946 年秋，廖忠霈返回上海，在同济大学附中续读高三。1947 年秋，他考入同济大学医学院，一年后退学。1948 年 9 月，他考入同济大学文学院德文组。1949 年底，该德文组并入复旦大学德文组，他改在复旦大学读书。1950 年 2 月，因新中国政务院（国务院前身）急需德语人才，在取得大学肄业证书后，廖忠霈来北京任职。

在北京工作时期（1950—1983），廖忠霈首先担任中央人民政府政务院的德语翻译（1950—1952）；然后，他在北京对外贸易学院德语系教授德语（1952—1983）。

在政务院工作期间，作为我国的外交官兼德语翻译，廖忠霈于 1951 年 7 月至 9 月随中国青年代表团赴柏林参加了第三届“世界青年联谊会”，这是他一生唯一的一次德国经历。

廖忠霈在北京对外贸易学院（后改名对外经济贸易大学）工作近 31 年（1952—1983）。1952 年 6 月，他调入中央人民政府贸易部高级商业干部学校

---

① 魏琳丽丽是德国柏林人。1921 年，她与廖馥君在柏林结婚，1922 年随廖馥君来华，后入中国籍，曾任北京对外贸易学院德语系讲师（吕巧平，2015：注 18）。

② 廖忠雯生于 1923 年，廖忠霆生于 1924 年，两人分别在 1949 年和 1950 年毕业于同济大学工学院。廖忠雯于 1949 年移居香港地区，廖忠霆于 1955 年移居苏联（吕巧平，2015：注 19）。

③ 德国政府所办学校，办学时间为 1895 年至 1945 年。1895 年为庆祝俾斯麦 80 寿辰而开学，1906 年更名为威廉皇帝学校（Kaiser-Wilhelm-Schule），1945 年收归国有，后作为德国私人学校延续至 1951 年左右。

（北京对外贸易学院前身）[1]任教，从此，他一生都从事着德语教育事业。他经历了北京对外贸易学院的初建、发展、停办和复苏的过程，是北京对外贸易学院的元老和德语系创始人之一。1953 年 3 月，在廖忠霈的举荐下，廖馥君也调入北京对外贸易学院，从此，廖氏父子在北京对外贸易学院共同耕耘[2]。1957 年，廖忠霈主译出版了《世界民主市场》（孔尔美，1957）；1960 年和 1966 年，廖氏父子合编出版了《基础德语教材》（德语教研组，1960，1966），这套教材是“文化大革命”前中国教师自编的成套德语教材之一。

廖忠霈属于新中国第一代德语翻译和同传译员。1954 年，在周恩来总理接见德国、奥地利、卢森堡、冰岛青年代表团时，在陈毅副总理接待民主德国和联邦德国青年代表团时，廖忠霈担任口译工作。在 20 世纪 50 年代，作为笔译员和同传译员，廖忠霈参加了我国的一系列重大外事活动，包括 1953 年全国第二次团员代表大会、1954 年世界民主青年联盟理事会、1956 年中共八大、1958 年中国出口商品交易会和 1959 年新中国成立十周年庆典等。

廖忠霈经历了“文化大革命”时期我国德语教育的中断过程。1969 年，廖忠霈全家随北京对外贸易学院下放到河南固始。1970 年 8 月，北京对外贸易学院就地撤销。1971 年，廖忠霈返回北京。

1972 年，北京对外贸易学院筹备复校，廖忠霈受命负责德语系的复建。此时，廖忠霈已成为德语系学科带头人。1972 年至 1983 年，廖忠霈担任德语系主任，培养了王正富、陈健平[3]等优秀人才。1978 年，他协助马恩列斯编译局负责审校成仿吾新译《共产党宣言》（马克思、恩格斯，1978）。1979 年，廖忠霈修订、主编并出版了三部著作，即《德语语法（修订本）》（廖馥君，1979）、《基础德语教材（第Ⅰ、Ⅱ册）》（德语教研室，1979a，1979b）。1980 年，他主编并出版了《基础德语教材（第Ⅲ册）》（德语教研室，1980）。进入 20 世纪 80 年代，廖忠霈担任我国教育部高等院校德语教材编审委员会

---

① 对外经济贸易大学曾用名：中央人民政府贸易部高级商业干部学校（1951—1952）、北京对外贸易专科学校（1953—1954）、北京对外贸易学院（1954—1984）、对外经济贸易大学（1984 年至今）（吕巧平，2013：注 28）。

② 从此，廖氏一家定居北京。1954 年 9 月 30 日，廖忠霈与许素芳（1927—2013）结婚，育有一双儿女，长女廖方，次子廖沛。许素芳于 1952 年毕业于复旦大学文学院德文组，1952 年至 1958 年分别任职于对外贸易部和中国技术进口公司，1958 年至 1990 年任商务印书馆编辑，2013 年 4 月 26 日逝于北京，享年 86 岁（参见《许素芳档案》）。

③ 王正富（1952—），对外经济贸易大学 1976 届毕业生，曾任德语同传、德语系主任、中德学院院长和对外经济贸易大学副校长，著有《外贸德语会话》等。陈健平（1952—），对外经济贸易大学 1976 届毕业生，著有《德国社会市场经济体制》等。

委员[①]；1982 年，他当选中国翻译工作者协会第一届理事会理事。20 世纪 70 年代末和 80 年代初是廖忠霈学术研究的巅峰时期，至此，他已成为我国德语界权威之一。

1983 年 1 月 24 日，廖忠霈先生积劳成疾，不幸病逝，终年 58 岁。

3 廖忠霈的学术成就

廖忠霈的工作时间是在中华人民共和国成立初期、社会主义建设十年探索时期、“文化大革命”时期和改革开放的初期。一位学者能够专注于学术研究的时间并不多。在这样的历史背景下，难能可贵的是，廖忠霈坚持学术研究，与其父廖馥君一样，廖忠霈主要研究德语语法、德语教学法和德汉翻译。

首先，经过四年（1975—1979）的艰苦努力，廖忠霈完成了对 1959 年版《德语语法》的全面更新，出版了 1979 年版《德语语法（修订本）》。比较两个版本的《德语语法》之后，可以确认，除了编写原则和体例得以保留之外，几乎在每一项语法说明和举例中，廖忠霈都做了修改、更新或增加：（1）原版中的文学性举例为时事政治举例所替代（廖馥君，1959，1979），这使得 1979 年版《德语语法（修订本）》颇具时代感；（2）廖忠霈采用了新的语法术语，这是对德语语法的新认识；此外，例词例句、人名地名、德文中译名也得以更新；廖忠霈以简化汉字和汉语拼音取代了原版的繁体字和国语罗马音（廖馥君，1959，1979）[②]；（3）廖忠霈增加了很多内容，包括《修订本说明》、《语词索引》、“不定式句、分词句和句同位语”、文内索引、教学或自学说明，而且，全书所用语词都编入《语词索引》（廖馥君，1979）。因此，《德语语法（修订本）》更加符合现代学术规范。经过廖忠霈的修订，《德语语法（修订本）》具有了全新面貌和时代风格，适用于 20 世纪 80 年代的德语教学需要，这是修订版沿用至今的原因之一。

其次，廖忠霈进行了德语教学法研究。根据多方查证和一份官方书面文献[③]，本文确认，廖忠霈参编或主编了下列德语教材：（1）《基础德语教材》（德语教研组，1960，1966）由廖氏父子合编；（2）廖忠霈修订并出版了《基础德语教材（第 I 册）》（德语教研室，1979a）；（3）廖忠霈主编并出版了《基

---

① 廖忠霈与祝彦（1926—2019）同为第一届委员。

② 1959 年，我国《汉字简化方案》和《汉语拼音方案》尚未全面应用。1959 年版《德语语法》中还有大量繁体字和以国语罗马音拼写的人名地名；而在 1979 年版《德语语法（修订本）》中，廖忠霈改用简化汉字和汉语拼音，延长了修订版的适用时间（廖馥君，1959，1979）。

③ 对外经济贸易大学廖忠霈同志治丧委员会：讣告，1983 年 12 月。

础德语教材》第Ⅱ册和第Ⅲ册（德语教研室，1979b，1980）。更重要的是，廖忠霈发展了廖馥君的教学原则。廖忠霈强调，德语教学旨在培养学生“听、说、读、写、译”五种技能（德语教研室，1979b：1）。他主张在德语教学中采用“听说法”（钱敏汝等，2007：18、24）。在《基础德语教材（第Ⅱ册）》（德语教研室，1979b）中，廖忠霈列出了一份表格，即“德语字母发音与国际音标、英语、俄语和汉语拼音对比表（只供参考）”（德语教研室，1979b：23-25）。这是廖忠霈对汉、英、德、俄这四种语言进行语音对比研究的成果。可见，在德语教学法研究领域，相对于其父廖馥君，廖忠霈既有继承，也有发展。

最后，在德汉翻译领域，相对于其父廖馥君，廖忠霈同样既有继承，也有超越。与廖馥君一样，廖忠霈大量从事汉德笔译和口译工作，特别是，他还进行同声传译，这在那个年代可谓凤毛麟角。与廖馥君一样，廖忠霈的口笔译俱佳，在外贸领域进行了大量的翻译工作；不同的是，廖馥君主要处理1949年前的德资企业文件，而廖忠霈则处理1949年后的前民主德国企业的相关文件。廖忠霈发表了一部德汉译作，即《世界民主市场》（孔尔美，1957）。这是廖忠霈唯一一部署名作品。在20世纪70年代中后期，他的翻译水平得到了学界公认，标志有二：（1）继廖馥君之后，廖忠霈担任马列著作译文的审校。1977年11月30日，鲁迅研究室因《鲁迅日记》的注释问题致信廖馥君。廖忠霈于1978年1月2日回信道：“你们十一月三十日给我父亲的信转给了我，因近来教学工作较忙及马恩列编译局关于《共产党宣言》一书的一些翻译上的定稿工作，没有及时给你们回信，特请谅解。”（廖忠霈，1980：130）。（2）廖忠霈于1982年当选中国翻译家协会第一届理事会理事。

总之，在20世纪50年代至80年代，廖忠霈完成了对《德语语法》的修订和更新，参编或主编了德语教材，进行德汉翻译和同声传译。在德语语法、德语教学法和德汉翻译方面，廖忠霈进一步更新了知识或认识，为我国德语教育事业的发展做出了独特贡献。

4 廖忠霈对廖馥君学术传统的承继与发扬

对比分析廖馥君和廖忠霈父子的学术历程可知，在父子长期合作的基础上，通过合编教材、修订原作和新编教材的方式，廖忠霈实现了对其父廖馥君学术传统的承继与发扬。

关于学术传承的时间，可以确认，廖忠霈对廖馥君学术传统的继承是在1953年至1970年间，而廖忠霈对廖馥君学术传统的发扬则在1970年后。具体而言，自1953年6月起，廖氏父子均任职于北京对外贸易学院。廖忠霈初出茅庐，在父亲的指导下出版了自己的译作。在20世纪60年代，廖忠霈与父亲合编教材，在这个过程中，廖忠霈得到了学术训练，这为其后来的学术研究打下了基础。到了70年代，廖忠霈发扬了廖馥君的学术传统，他继续研究德语语法和教学法，并因而成为修订《德语语法》（廖馥君，1959）的最佳人选。不仅如此，廖忠霈顺应当时的时代要求，采用了新的教学原则和编写体例，新编了德语教材，并融入了时代用语和他自己的教学经验。因此，在70年代初，廖忠霈已成为新一代日耳曼学者。从中国德语教育史的角度来看，廖氏父子所代表的两代德语教育家就此完成了更新换代。

关于学术传承的方式，本文确认，廖忠霈和廖馥君父子的长期合作是学术传承的主要方式。1953年至1971年，在德语教学法研究、德语语法研究和德汉翻译领域，廖忠霈都曾与廖馥君密切合作，两人的合作持续18年。分析廖氏父子合编的《基础德语教材》（德语教研组，1966）可知，在1970年前，廖忠霈就掌握了德语语法研究和教学法研究的方法。因此，廖忠霈在实际工作中完成了向日耳曼学者的蜕变。可见，在20世纪50年代至70年代的德语学界，工作中的长期合作是学术传承的途径之一。

从学术承继的结果来看，廖忠霈的学术成就并不逊于廖馥君。当廖忠霈更新语法认识、发展新的教学原则时，他已经呈现出了他那个时代的学术创新。廖忠霈的学术历程有着与父亲惊人的相似之处：两人均大学肄业，自学成才，口笔译俱佳，擅长汉德翻译，从事德语语法研究，开发本土德语教材，进行应用型德语人才教育，培养青年教师。但是，在学术发表方面，廖忠霈有着与父亲不同的境遇：因《简要德文文法》（廖馥君，1950）和《德语语法》（廖馥君，1959，1979）的出版，廖馥君先生久负盛名，但廖忠霈的署名作品仅有一部译著。廖忠霈在学术上升期遭遇了“文化大革命”；在学术成熟期，廖忠霈主要以集体的名义或以廖馥君的名义发表自己的学术成果。在这样的学术条件下，廖忠霈以几乎不着个人痕迹的方式，发挥了自己作为后继者的作用，完成了向下一代传授新认识的任务，成为了学术传承链条上的重要一环。

总之，在我国德语学科史上，经由廖忠霈对廖馥君学术传统的承继与发扬，德语学人关于德语语法和教学法的认识有了更新。毋庸置疑，廖氏父子之间的学术传承与子继父业是20世纪50年代至80年代初我国日耳曼学者之间进行代际传承与转换的特例之一。

5 廖忠霈研究的学科史意义

廖忠霈是新中国成立后的中央人民政府政务院首位德语翻译和我国第一

代汉德同传译员，他有着 31 年的德语教育生涯，是北京对外贸易学院的元老和外语学院德语系的创始人之一。对于 1950 年前后开始工作的中国日耳曼学者而言，廖忠霈的学术历程独具特色，廖忠霈研究的学科史意义可谓不言自明。

在中国德语学科史上，继廖馥君、商承祖（1899—1975）、张威廉（1902—2004）和冯至（1905—1993）开展德语教育之后[①]，廖忠霈、严宝瑜（1923—2020）和祝彦（1926—2019）[②]在 1950 年前后开始了他们的德语教育生涯，他们比张玉书（1934—2019）和杨武能（1938—）年长十岁左右，他们经历了新中国德语教育的开始、发展、停滞和复苏的过程，在“文化大革命”的中后期，他们励精图治，重启自己的学术研究，恢复并发展德语教育，继续开发本土德语教材，他们的坚持不懈最终使我国的德语教育在“文化大革命”后迅速恢复元气，并逐步进入持续发展的轨道。因此，如果要研究 20 世纪 50 年代至 80 年代的中国德语学科史，那么，廖忠霈就是一个不能忽视的研究对象之一。

对于中国德语学科史研究而言，查阅前辈日耳曼学者的历史档案、发现他们的学术论著、确定他们的学术成就、评论他们的研究工作在德语学科史上的意义，这是学科史研究的基础工作，也是发现历史事实、推动学科史研究向前发展的重要途径。

正因为廖忠霈在 1972 年足可担当大任，北京对外贸易学院德语系才得以在停办后重新起步，并在迅速恢复后快速发展。今天，对外经济贸易大学德语系已成为我国重要的德语教育机构。

正因为一代又一代德语学人的薪火相传，我国的德语教育事业才能继往开来，不断地发展壮大。

期望本文能够为我国德语教育史和德语学科史的研究做出贡献。

（特向廖沛、廖方、廖曼蒲、王正富、陈健平、孙驰表示感谢！）

参考文献：

北京对外贸易学院德语教研组（德语教研组），1960. 基础德语教材：第 I 册［M］. 北京：商务印书馆.

---

① 我国第一代日耳曼学者的德语教育生涯：商承祖始于 1924 年，廖馥君始于 1926 年，冯至始于 1928 年，张威廉始于 1933 年（吕巧平，2015：33）。

② 严宝瑜自 1948 年开始在清华大学教授德语，自 1952 年起在北京大学教授德语；祝彦自 1951 年起在北京外国语大学、廖忠霈自 1952 年起在北京对外贸易学院教授德语。

北京对外贸易学院德语教研组（德语教研组），1966. 基础德语教材：第Ⅱ册［M］. 北京：商务印书馆.

北京对外贸易学院德语教研室（德语教研室），1979a. 基础德语教材：第Ⅰ册［M］. 第二版. 北京：商务印书馆.

北京对外贸易学院德语教研室（德语教研室），1979b. 基础德语教材：第Ⅱ册［M］. 北京：商务印书馆.

北京对外贸易学院德语教研室（德语教研室），1980. 基础德语教材：第Ⅲ册［M］. 北京：商务印书馆.

董秀英，2012. 假设功能的句法实现与相关翻译［J］. 兰州学刊（6）：112-114.

龚特尔，1957. 世界民主市场［M］. 廖忠霈，张载杨，赵润，译. 廖馥君，校. 北京：生活·读书·新知三联书店.

廖馥君，1950. 简要德文文法［M］. 上海：万昌书局.

廖馥君，1959. 德语语法［M］. 北京：商务印书馆.

廖馥君，1979. 德语语法（修订本）［M］. 北京：商务印书馆.

廖忠霈，1980. 廖忠霈信（一九七八年一月二日）［G］//北京鲁迅博物馆鲁迅研究室. 鲁迅研究资料（7）. 天津：天津人民出版社：129-131.

廖忠霈，1984. 修订本说明［M］//廖馥君. 德语语法. 北京：商务印书馆：1.

吕巧平，2015. 论廖馥君研究的学科史意义［J］. 德语人文研究（2）：32-37.

马克思，恩格斯，1978. 共产党宣言［M］. 成仿吾，译. 北京：人民出版社.

钱敏汝，卫茂平，魏育青，等，2007. 当代中国德语教育的纲领和模式［M］//钱敏汝，卫茂平，魏育青，等. 当代中国德语专业教育研究报告. 上海：上海外语教育出版社：1-100.

商务印书馆档案馆，2013. 许素芳档案［A］. 北京：商务印书馆.

张万发，1997. 英、德、法、西四种语言直陈式完成时态之用法和构成比较［J］. 外交学院学报（4）：82-95.

新文科背景下外语本科人才培养模式改革探究与实践

——以对外经济贸易大学为例

王怡坤[①]　刘康桥[②]

摘　要：新文科建设开展以来，全国高校都进行了积极探索，外语专业发展也进入了崭新阶段。经济社会发展对复合型人才的培养提出了更高要求，传统的外语人才培养模式已不能满足社会发展需求，高校外语专业亟须调整培养目标、变革培养方向、创新培养体系。外语专业应结合学校办学定位，抢抓双学士学位项目机遇，主动与优势专业联合，通过学科交叉融合打造“外语＋专业”人才培养模式，在新的人才培养方案中突出复合型人才优势，杜绝“两张皮”，做到“真融合”。

关键词：新文科；双学士；人才培养模式

0　引言

自2018年教育部实施“六卓越一拔尖”计划2.0以来，“四新”建设成为全国各高校建设的重要抓手。其中，文科在十二个学科门类中占三分之二，专业数量和学生数量占高等教育的一半，新文科建设以“面广量大”的特点成为“四新”建设的重中之重（吴岩，2021：6）。

然而，由于新文科理念在国内提出时间尚短，其价值定位与具体实践仍处于探索阶段（蔡鸣雁，2022：224），对新文科建设理念和路径的观点也处于百家争鸣的状态。有学者认为，新文科建设的核心在于守正创新。必须立足本位，强调学生语言能力的培养，以语言文学和文化基础知识为主，把人文素养的培育作为新文科建设的出发点，不可本末倒置（何宁、王守仁，2021a：

---

① 王怡坤，对外经济贸易大学助理研究员，研究方向为高等教育管理。

② 刘康桥，对外经济贸易大学研究实习员，研究方向为高等教育管理。

2；王立非、宋海玲，2021：34；全继刚，2022：2）。也有学者认为，一味守正难以创新。“正”这一概念本身应随社会变化而不断调整，应从新生就开始进行专业相关的外语教学，做到“外语＋专业”的真正融合（蔡基刚，2021：18）。

本文将从外语本科人才培养角度出发，剖析现行培养模式的特点和不足，结合新文科建设要求探索外语专业复合型人才培养新路径，并通过对外经济贸易大学外语和国际经济与贸易双学士学位项目实践系统阐释复合型人才培养模式的运行机制和预期培养效果，为新文科背景下外语本科人才培养模式改革提供新思路。

1 外语人才培养背景与现行模式分析

我国外语教育因改革开放而兴、应时代发展而盛，外语人才培养的历史也是反映国家战略需求变化的历史。从单一语言技能人才到“一精多会、一专多能”复合型人才，外语教育紧密跟随国家经济、文化、外交、外事等发展需求（戴炜栋，2019：8），不断调整培养目标和培养模式，塑造了大批国家和社会急需的高端人才。然而，新时代对外语人才培养提出了新要求，现行培养模式无法充分满足新文科建设的目标和社会发展要求，亟待改革创新。

1.1 外语人才培养面临的挑战

何宁、王守仁（2021b：5）指出，目前的外语课堂教学内容与当今世界发展脱节，外语专业教育未能完全跟上国家发展和国际形势的变化，学生的国际传播能力和全球胜任力较弱，外语人才培养面临严峻挑战。一方面，外语专业要保持自身优势与特色，在与其他学科的融合中立足本位，注重人文素质教育；另一方面，为满足国家和社会对复合型语言人才的需求，外语专业学生必须学习其他学科领域知识，掌握在专业领域内的外语表达能力。如何调整培养模式，使学生既能在有限时间内如期完成培养计划，又能形成扎实的外语和专业知识基础并获得用外语开展专业工作的能力，是新文科建设下外语人才培养面临的又一挑战。

1.2 现行“外语＋专业”人才培养模式的不足

在高校复合型人才培养的实践中，现行模式可分为两类：一是开设复合学科背景的专业，如商务外语、海事外语等；二是“主修＋辅修”，学生通过辅修课程补充其他学科知识，获得实践领域的语言应用能力。然而，不论是复合型专业还是“主修＋辅修”的培养模式，跨学科知识结构的设计仍以语言技能培养为主，学生运用专业知识的能力和水平有限，不能做到真正的学科融合。辅修模式下，虽然形式上实现了“外语＋专业”，但学生在其他学科领域的知识体系有待完善，专业水平与本专业人才相比差距明显，难以实现直接运用外语从事相关专业工作的复合型人才培养目标。

2 新文科建设下外语人才培养改革路径

胡开宝（2020：14）指出，新文科是指对传统文科进行学科重组，实现文科内部以及文科与自然科学学科之间交叉与融合之后形成的文科。新文科最显著的特点就是多学科深度交叉融合。新文科建设必须从复合型人才培养角度出发，充分考虑国家和社会需求，在打造科学的学科结构的同时合理安排学习进度，设计知识结构体系合理、多学科优势互补的培养方案。具体而言，新文科建设下的外语人才培养可从培养观念转变、培养模式创新、教学资源重组等路径进行改革。

2.1 转变理念，主动求变

培养理念的转变是培养模式改革的第一步。在外语人才培养面临严峻挑战、现行模式存在不足的情况下，外语教育工作者应强化危机意识，主动求变，以国家战略和社会需求为导向，适时调整培养目标、变革培养方向、创新培养体系，使复合型外语人才能够运用专业知识解决社会实际问题，从而更好地服务于国家经济社会建设和大国外交的开展。

从就业情况看，目前社会对传统外语人才的需求量较小，基本分布在高校和科研院所等研究机构；行业企业的需求主要集中在专业背景下的外语，如国际贸易、经济、金融、法律、国际关系等领域的专门用途外语，并且极为重视外语在专业工作中的实际应用能力。在培养新文科外语人才的过程中，首先要转变观念，正视外语的工具属性，强调外语在专业领域内的应用能力，为学生搭建在真实情境中学习和运用外语的平台。在知识体系的设计上应适当降低传统外语类课程的比重，通过实施科学的培养计划，在低年级筑牢专业知识和语言基础，高年级则着重培养专业知识的实践与外语应用能力，达到“外语＋专业”融会贯通的效果。

2.2 课程提质、专业优化、模式创新

课堂是学校教育教学的主阵地。要结合最新专业知识更新教学大纲和教学内容，引入慕课、翻转课堂等技术创新教学方式，通过课程提质提高人才培养质量。开展跨学科优质课程的联合培养，依托国家级、省部级一流本科课程建设一批体现新文科背景下学科交叉融合特色的核心课程，打造复合型专业特色课程群，实现多专业协同创新。

专业建设是提升人才培养质量的着力点。外语专业要结合学校办学定位和特色优势打造新文科复合型专业，依托国家级、省部级一流专业建设点进行跨学科优化重组，通过专业定位调整和转型增强外语专业吸引力，提高外语人才的竞争力和社会认可度。

培养模式是实现培养目标的重要路径。新文科外语专业建设必须重新设计一套科学、高效的培养体系，通盘考虑课程、学分、学期、师资的衔接和配置，广泛调研学生的学习兴趣和用人单位需求，结合国家战略目标和发展方向充分研讨，推演培养方案的合理性和可行性。在培养方案运行过程中，定期征集师生和教学管理部门的意见和建议，与兄弟高校深入交流、互鉴经验，不断优化完善培养细节。

2.3 立足办学特色，重组教学资源

新文科背景下外语本科人才培养模式改革应结合本校人才培养定位、专业特色优势和办学条件进行，坚持高起点、高标准、高质量复合型专业建设。整合学校优质资源，通过教学内容、教学团队重组推动教学资源共享，鼓励跨学科、跨学院合作办学与联合管理。在此过程中，应转变以课堂教学为主的传统教学方式，注重传统教学内容与大数据、云计算、人工智能等新兴信息技术的结合，积极开展混合式学习，构建课内课外、线上线下、实体虚拟相结合的智能化教学环境（蒋洪新，2019：4），培养学生独立思考与自主学习的能力。

3 外语本科人才培养模式改革的实践

外语本科人才培养是新文科建设的重要组成部分。作为文化资源的外语、作为人力资源的外语人才，都含有鲜明的国家利益导向（蒋洪新，2019：4），在我国“一带一路”倡议中起着举足轻重的作用。对外语本科人才的培养，本质上是为捍卫国家利益、增强国际话语权输送力量。在我国对外开放事业中，对外经济贸易大学培养了大批外语娴熟、专业知识技能扎实的高水平人才，为我国的对外交流和经济发展做出了卓越的历史贡献。随着社会变革和国家战略转型，经贸大学的外语人才培养也需调整培养方向，进一步契合外交、外贸、法律、管理等行业的需求，持续为国家高水平对外开放培养人才。本节将结合对外经济贸易大学外语学院人才培养实践举措探讨外语本科人才培养的改革方向，为新文科背景下的外语专业建设提供一种思路。

3.1 外语复合型人才培养的前期实践

对外经济贸易大学常年开设各类专业辅修课程，学生可根据学习能力和

兴趣自主选择辅修专业，满足跨学科学习需求。外语专业在高年级开设了经贸外语类课程，讲授经贸外语的常用词汇、句型、语法、修辞以及翻译方法和技巧，而经贸知识的学习仍需通过其他学院的专业课堂完成。但在外语学院培养实践中，仅靠辅修专业不能形成完整的知识体系，在主、辅修专业课程分别独立开设的情况下，学生的外语语言技能和其他学科知识融合度不高，存在一定程度的“两张皮”现象。

在复合型人才培养实践中，外语学院长期承担各学院国际合作项目及多语种实验班的外语教学工作，在经济学、管理学、法学等学科领域积累了丰富的教学经验，为学科融合奠定了深厚基础。在长期的跨学院合作实践中，外语学院也积累了丰富的教学管理经验，形成了完整的教学管理制度，为深化外语教学改革、跨院系培养外语人才提供了有力支撑。

3.2 双学士学位培养模式探索

2022 年 3 月，北京市学位委员会发布《关于开展 2022 年度双学士学位复合型人才培养项目及联合学士学位项目申报的通知》，正式开展双学士学位培养模式实践。2023 年，外语学院以阿拉伯语、朝鲜语、法语、俄语四个语种作为试点专业与国际经济与贸易专业联合开展双学士学位项目申报，进一步深化本科人才培养模式改革。

3.2.1 立足经贸特色，确定联合专业

对外经济贸易大学国际贸易学始建于 20 世纪 50 年代初，应用经济学为国家一流学科，同时也是学校办学以来历史最久、学术声誉最好的学科。根据对学生学习意愿的调查显示，国际经济与贸易专业为辅修或双学士首选专业，就业市场前景广阔。

外语专业与经济类专业联合培养人才已有多年实践经验。日语、法语、西班牙语系为国际经济贸易学院三语实验班开设专门课程，法语系另为国际经济与贸易－法学双学士学位项目开设法语课程，在教学过程中积累了丰富的教学资源，建立了与经济学专业更为相配的外语类课程体系，为跨学科合作教学做好了充分准备。

3.2.2 调整课程结构，提高学科融合度

在确定双学士学位培养方案的过程中，外语专业与经贸专业协调配合，通过增加入门课程、调整核心课程、删除重复性课程、增开交叉融合课程等方式设计课程结构。与外语专业相比，双学士学位培养方案主要有以下四点区别（因涉及多个外语专业，以下均以“外”“外语”代替具体语种，“外国”代替语言对象国）：

i. 增加数学、信息技术与经管法类入门课程，加大数理、统计培养力度。见表 1。

表 1　入门课程

课程分类	课程名称
数学	高等数学（一）
	高等数学（二）
	线性代数
	概率论与数理统计
信息技术	Python 与大数据分析
经管法	财务会计

ii. 调整文学类核心课程、增加经贸类核心课程，教学内容强调经贸特色。见表 2。

表 2　核心课程对比

外语专业	双学士
基础外语（一）～（四）	基础外语（一）～（四）
外语精读	外语精读
经贸应用文（外）	经贸应用文（外）
文学选读（外）	经贸谈判（外）
经贸谈判（外）	经贸文章选读（外）
经贸文章选读（外）	微观经济学
	宏观经济学
	国际经济学
	国际贸易实务
	国际金融学

iii. 外语必修课程中整合同类课程，突出经贸外语类特色课程。见表 3。

表 3　外语必修课程对比

外语专业	双学士
基础外语（一）～（四）	基础外语（一）～（四）
视听说（一）～（三）	视听说（一）～（三）

续表

外语专业	双学士
外语会话（一）～（三）	外语精读
外语精读	经贸应用文（外）
外语写作	经贸谈判（外）
文学选读（外）	经贸文章选读（外）
翻译理论与实践（外译汉）	
翻译理论与实践（汉译外）	
经贸应用文（外）	
经贸谈判（外）	
经贸文章选读（外）	

iv. 增开“外语+经贸”交叉融合课程，增加学生对外国商务环境和经济社会的了解。见表 4。

表 4 交叉融合课程调整前后对比

外语专业	双学士
外国国家概况	外国国家商务环境
	经济外语
	外国经济与社会
翻译理论与实践	商务翻译理论与实践

通过以上调整，学生按照双学士学位培养计划学习能够基本形成完整的“外语+经贸”知识体系，建立两学科并举的学习思维和研究规范。在此培养模式下，学生可在低年级筑牢语言和经贸知识基础，高年级熟练应用外语和经贸知识锻炼解决实际问题的能力。专业课程整体学分数量适中，学生可投入时间和精力进一步开展实习实践活动，了解与适应市场需求，增强就业竞争力和社会认可度。

3.2.3 依托一流专业建设点，打造跨学科教学团队

外语学院与国际经济贸易学院所涉及专业均为国家级或北京市一流专业建设点，文学与经济学两大学科门类优势互补，为跨学科交流与合作提供了良好平台。下一步可通过学术交流、观摩学习、实地调研等形式，促

进教师之间的学科交叉与研究融合，形成新理论、新方法、新观念的学术互动创新氛围，打造跨学科教学团队，促进教学资源优化配置，杜绝“两张皮”，做到“真融合”。

3.3 外语本科人才培养的发展方向

在试点探索阿拉伯语、朝鲜语、法语、俄语与国际经济与贸易双学士学位的基础上，外语专业可根据就业市场需求和国家战略变化灵活调整培养方向，进一步拓宽人才培养口径，开展“外语＋国际关系”、“外语＋法学”、“外语＋管理”、“外语＋传播”、多语种复语型人才培养等。着力培养学生用外语讲好中国故事、服务国家战略发展的能力，为构建中国对外话语体系、提升中国在各专业领域的国际话语权做出贡献，这也是新文科建设背景下我国高校外语教育的应有之义。

4 结语

新文科建设对高校外语教育提出了新的要求。外语专业毕业生在外交、外事、经贸、文化、科技等领域内的工作和应用能力仍不能完全满足国家战略和地方经济的发展需求，“外语＋专业”人才培养模式亟需深化改革。外语人才培养必须紧跟时代潮流，主动调整培养目标、变革培养方向、创新培养体系，打造复合型人才培养新模式。

在培养模式改革的具体路径上，外语教育工作者首先要转变观念，与时俱进，把握学科前沿，在现有复合型人才培养模式的基础上优化调整教学结构和培养方案设置，将外语语言技能培养与其他专业领域知识深度融合，实现直接运用外语从事专业工作的培养目标。外语专业可结合学校办学定位和特色与其他优势学科联合培养，依托国家级、省部级一流课程等优质教学资源建设一批“金课”，依托国家级、省部级一流本科专业建设点打造跨学科复合型教学团队，充分发挥现代信息技术的作用，利用慕课、翻转课堂等新技术适时调整、更新教学内容和教学手段，在培养学生语言能力和专业素养的同时增强学生的自主学习和思辨分析能力。

目前，全国高校在外语复合型人才培养改革过程中做出了有益探索，形成了多种人才培养模式。对外经济贸易大学外语学院通过“小语种＋国际经济与贸易”双学士学位项目，设计了一套科学合理、切实可行的创新型人才培养体系，将外语和国际经贸知识融会贯通，学校人才培养的鲜明特色得以充分体现。在“外语＋经贸”项目实践的基础上，可继续探索更多方向、更宽口径的外语人才培养模式，以点带面、逐步推进，向社会输出更能契合行业企业需求、更好服务国家战略的多样化复合型外语人才。

参考文献：

蔡基刚，2021. 学科交叉：新文科背景下的新外语构建和学科体系探索［J］. 东北师大学报（哲学社会科学版）（3）：14-19+26.

蔡鸣雁，2022. 新文科背景下外语人才培养的价值定位与实现路径［J］. 语言与文化研究，25（4）：224-227.

戴炜栋，2019. 服务国家战略　培养高端人才　推动外语教育发展［J］. 外语教育研究前沿，2（3）：8-12+90.

何宁，王守仁，2021a. 高校外语专业学生外语运用能力的培养［J］. 外语教学，42（1）：1-4.

何宁，王守仁，2021b. 新文科、新外语、新导向：论外语专业人才培养的发展与创新［J］. 外语教育研究前沿，4（4）：3-8+91.

胡开宝，2020. 新文科视域下外语学科的建设与发展：理念与路径［J］. 中国外语，17（3）：14-19.

蒋洪新，2019. 推动构建中国特色英语类本科专业人才培养体系：英语类专业《教学指南》的研制与思考［J］. 外语界，194（5）：2-7.

全继刚，2022. 新文科建设促进外语人才培养模式创新［N］. 中国社会科学报，03-17（7）.

王立非，宋海玲，2021. 新文科指引下的复合型商务英语人才培养理念与路径［J］. 外语界（5）：33-40.

吴岩，2021. 积势蓄势谋势　识变应变求变［J］. 中国高等教育，662（1）：4-7.

第二部分

交叉融合视阈下的外语一流课程建设

商务外语谈判课程思政建设路径研究

——以经贸谈判（阿）为例

黄　慧[①]　王怡童[②]

摘　要：本文以经贸谈判（阿）课程为例，研究了商务外语谈判课程思政建设路径。在教学内容设计上，依托专业教学内容，深挖课程思政教育资源，确保专业课程和思政元素有机融合；在教学素材选择上，建立更新机制，服务课程思政建设的时代性要求；在教学模式上，借助现代化教育技术创新开拓，打造思政教育闭环，延展思政教育时空；在教学团队建设上，聚焦立德树人的根本任务，强调外语教师提升自身课程思政建设意识和能力的重要性，并围绕多途径强化课程思政团队建设；在评价体系上，采取多元和多维度的综合评价体系，全面考察学生综合素质。

关键词：商务外语谈判课程；课程思政建设；阿拉伯语

0　引言

新时代外语高校以及高校中的外语学院肩负着深化中外交流、增进各国人民友谊、讲好中国故事、推动中国更好走向世界、世界更好了解中国的新使命。党的二十大报告指出："深化文明交流互鉴，推动中华文化更好走向世界。"实现课程思政的全覆盖，对于实现新时代外语学院本科人才培养的目标具有关键意义。在（非思政）专业课程中贯穿思想价值引领的主线，发挥各门课程的育人功能（肖琼、黄国文，2020），以此培养出兼具专业特长以及文化自信的外语人才，为讲好中国故事、传播中国声音培养输送坚实力量。

课程思政包含两层含义：一是深入挖掘专业课程教学内容中的育人元

① 黄慧，对外经济贸易大学外语学院教授，主要研究方向为中东问题研究。本论文为 2022 年校级课程思政示范项目"经贸谈判（阿）"的阶段性成果。

② 王怡童，对外经济贸易大学外语学院 2022 级硕士研究生。

素；二是将思政元素融入专业课程教学，而不是专业课程与思政课程的叠加（彭小飞，2022）。就外语类课程思政建设而言，其目标是培养具备过硬的业务能力、坚定的政治信念、良好的道德品质、坚定的文化立场的外语人才（安丰存、李柏年，2021）。基于这一目标，应当围绕一个基本点、两个切入点进行外语课程思政建设。首先以注重培养学生扎实的外语能力为基本点。语言是文化沟通的载体、工具、桥梁，亦是外语类人才的核心竞争力。随着我国综合国力和国际地位的不断提升，讲好中国故事、传播好中国声音成为外语人才义不容辞的责任和使命。扎实的外语听、说、读、写、译五大技能是向世界展示真实、立体、全面的中国的必备能力。因此，夯实学生的外语技能，确保其外语专长仍是外语课程思政建设的重中之重。其次应以优化教学内容和创新教学方式为两个切入点。世界面临百年未有之大变局，多种思想和价值观相互激荡。传统的外语学科教学往往重视“术”的培养，缺乏“道”的引导。在新文科视阈下，外语思政建设应立足国家战略需求，一方面优化并更新教学内容，选择思想性和时代性强的教学材料，以引导学生树立正确的价值观并增强文化自信；另一方面，摒弃传统灌输式的教学方法，借助互联网平台和虚拟仿真技术创新教学方式，以调动并发挥学生的积极主动性，达到思政元素和外语课程更好的融合。

商务外语谈判能力是新文科视阈下商务外语复合型人才必备的能力。商务外语谈判课程实用性强，是国际贸易人才培养体系中的重要一环。课堂是学生学习知识、培养实践能力的主阵地。因此，研究该门课程思政建设路径对于塑造学生价值观、培养匹配国家战略需求的复合型外语人才有重要的现实意义。对外经济贸易大学是国内首批开设阿拉伯语专业的高校之一，其阿拉伯语专业历经近 70 年的发展，已探索出一套独特的人才培养体系，为国家输送了大批具有国际视野的高素质复合型阿拉伯语人才。经贸谈判（阿）正是其独具特色的商务外语类课程之一。当前国际贸易格局的调整、国内国际双循环新发展格局的形成以及中阿战略合作关系的发展，急需一批掌握经贸知识、精通阿拉伯语、具有家国情怀的高水平复合型人才。经贸谈判（阿）精准匹配了国家的这一战略需求。

1 商务外语谈判课程思政建设的方向和重点

1.1 课程思政建设目标

依据《高等学校课程思政建设指导纲要》（以下简称《纲要》），商务外语谈判课程要从所涉国家、国际、文化、历史等角度，增加课程的知识性、人文性，提升引领性、时代性和开放性，结合专业知识教育引导学生深刻理解中华优秀传统文化以及社会主义核心价值观，提升文化自觉，增强文化自信，厚植爱国主义情怀。对外经济贸易大学阿拉伯语系开设的经贸谈判（阿）课程，从中阿友好关系、中阿经贸合作、中阿共建“一带一路”、中阿命运共同体、中阿联合抗疫等角度，深入挖掘思政元素并融入教育教学各环节，实现思想政治教育与阿拉伯语经贸谈判专业学习的有机统一，从而帮助学生塑造正确的世界观、人生观、价值观，形成对阿拉伯世界、中阿关系、中东格局的正确认识，坚定学生的爱国立场，涵养学生的家国情怀。

1.2 课程思政建设方向

外语教育应把立德树人放在首位，把价值引领、知识传授和技能训练融为一体（黄国文，2022）。商务外语谈判课程作为新文科视阈下外语专业培养高素质复合型人才的重要途径，应该坚持这一基本原则，即通过外语专业知识和思政元素的巧妙融合，达到“润物细无声”和立德树人的效果。经贸谈判（阿）这门课程以习近平新时代中国特色社会主义思想为指导，以服务“一带一路”建设、增进中阿友好、推进构建中阿命运共同体为目标，以立德树人为根本任务，形成以教师为关键主体、以课程内容为重要载体、以课堂为主要阵地的阿拉伯语经贸课程思政建设体系，使专业课与思政课同行，将显形教育和隐形教育相统一，培养具有家国情怀、具备全球视野、掌握专业本领的商务阿拉伯语高端复合型人才。

1.3 课程思政建设重点

现阶段，外语课程思政建设一定程度上存在侧重理论宏观性的倾向，这一倾向导致了专业课程和思政元素的生硬融合，出现专业教育和思政教育“两张皮”的问题，影响外语思政建设成效。解决这一问题，可以从价值、知识、能力三个维度入手，优化课程思政融合，加深学生对社会主义核心价值观以及中华优秀传统文化的理解，树立高度的文化自信，厚植爱国主义情怀。具体到经贸谈判（阿）这门商务外语谈判课程，可通过讲授中阿经贸合作的国家战略和相关政策，引导学生关注中阿经贸合作的热点与前沿，培育学生的全球视野、战略思维；通过应用信息技术，使学生身临其境感受中阿经贸谈判场景，引导学生自觉维护国家利益，培育学生的民族国家立场；通过开展经贸谈判模拟演练，培育学生的诚信意识、团队精神和契约精神；通过与实务部门的合作，引导学生关注中阿经贸合作谈判实例，激发学生的家国情怀和使命担当。

2 深挖课程思政资源 找准专业课程和思政教育融入点

教学内容是商务外语谈判课程思政建设的“根”，思政教育元素是课程思政建设的“魂”。只有以教学内容为起点，深挖课程思政资源，明确思政教育目标，精准找出商务外语谈判课程的思政融入点，才能解决目前外语类课程思政建设“两张皮”的痛点，达到培根铸魂的效果，培养兼具优秀商务外语谈判技能和文化自信的复合型商务外语人才。

商务外语谈判课程集外语专业知识、国际经贸知识、不同国家历史文化知识于一体，具有学科交叉性和跨文化性的特色和优势，承载着丰富的思政资源。外语教师可从中外跨文化交往的维度，深挖教学内容蕴含的思想价值和精神内涵，找准专业课程和思政教育的融入点，引导学生在外语谈判中树立文化自信，增强爱国主义情怀。以经贸谈判（阿）为例，该课程包含四大专题。笔者以每个专题的具体教学内容为出发点，依据《纲要》梳理并明确其思政教学目标，并结合中阿友好关系史、中阿互利共赢的经贸往来范例、国际国内重要时事，明确思政融入点，从而实现授课内容与国际贸易格局、中阿经贸关系的发展协调同步，实现思政教育元素、阿拉伯语知识和技能、国际经贸知识的深度融合。具体教学内容设计与思政融入点安排见表 1。

表 1 经贸谈判（阿）教学内容设计与思政融入点

专题	教学内容	思政教学目标	思政融入点
（一）中阿经贸概况	1. 中国与阿拉伯国家经贸关系 2. 中国对外贸易与经济合作政策 3. 国际贸易的基本原则和相应的阿拉伯语经贸术语	1. 帮助学生了解国家战略和相关政策，了解世情国情，增强课程的知识性和人文性 2. 通过介绍中国经济发展对全球发展的贡献，引导学生坚定中国特色社会主义道路自信、理论自信、制度自信、文化自信，增强学生的家国情怀	1. 中阿友好关系史 2. 中阿互利共赢经贸关系的示范效应 3. 中国经济发展及对外开放对全球发展的贡献 4. 中国对多边国际贸易体制的贡献

续表

专题	教学内容	思政教学目标	思政融入点
（二）谈判流程	1. 价格条款谈判 2. 付款方式谈判 3. 货物交付谈判 4. 包装条款谈判 5. 保险条款谈判 6. 合同条款综合谈判 7. 代理协议条款谈判 8. 索赔与理赔谈判	1. 通过案例学习，使学生把握全球贸易新格局下的中阿经贸合作热点，引导学生加深对中阿命运共同体的理解 2. 合同条款相关知识讲授的过程中坚持以习近平法治思想为指导，帮助学生增强契约意识和法治观念	1. 引入中阿命运共同体、中阿共建“一带一路”等热点议题作为案例 2. 价格条款、支付条款、运输条款、保险条款、代理协议条款、索赔与理赔条款等合同条款谈判各环节相关知识
（三）综合业务谈判	1. 进口业务综合谈判 2. 出口业务综合谈判 3. 公司间经贸合作谈判	1. 加深对中阿经贸合作主体业务的宏观认识，把握贸易结构、贸易方式的变化规律，在未来的工作中更好地服务国家对外经济合作和经济建设大局 2. 加深学生对公司利益与国家利益关系的认识，在未来的工作中更好地服务于国家利益 3. 引导学生注重学思结合、知行合一，增强学生解决实际问题的能力，在遵循国际贸易规则的基础上坚定我方立场，增强中阿谈判中维护好我方利益与合作大局的使命感和责任感	1. 中阿进出口业务综合学习 2. 中阿公司间经贸合作谈判综合学习 3. 开展中阿经贸谈判模拟演练
（四）政府间经贸合作谈判	政府间经济合作谈判	以习近平经济思想为指导，在教学过程中深入贯彻党的十九大及十九届中央历次全会精神 以习近平经济思想为指导，在教学过程中深入贯彻党的二十大精神，引导学生增强“四个意识”，坚定“四个自信”，做到“两个维护”，为实现中阿合作共赢贡献力量	中阿政府间经贸往来的友好历史与合作机制的建立

3　适时更新教学案例　体现课程思政时代性

当今世界正处于百年未有之大变局，国际格局和国际体系加速调整，多种文化思潮相互碰撞、激荡、交融。党的二十大报告指出：“着力培养担当民族复兴大任的时代新人。”在此背景下，商务外语谈判课程的思政建设应勇担时代使命，教育引导学生正确认识世界和中国发展大势，树立正确的世界观、人生观、价值观，增强爱国之情、责任感和使命感。为此，经贸谈判（阿）建立了教学内容更新机制，密切关注国际局势的新变化、国际贸易法的新修订及中阿经贸合作的新动向，实现教学内容和资源的适时更新。

中阿命运共同体也是思政融入的重要方面。通过引入相关案例，使学生在谈判过程中体悟到中国的大国风范和担当，增强民族自信心和自豪感，同时深化对中阿团结合作、共克时艰的战略伙伴关系的认识，加强对打造中阿命运共同体的认知。比如在中阿峰会后，引入“中沙大客车进出口业务谈判案例”，向学生展示中国和沙特的双边贸易额是如何飞速增长的。展示中阿、中沙共建“一带一路”既有利于促进沙特发挥区域大国核心作用，又有利于双方经贸关系提质升级。又如，在伊拉克宣布允许采用人民币直接结算对华贸易后，引入“中国某企业向伊拉克出口智能电视机业务谈判”，及时反映该经贸政策的调整，展现中国综合国力的增强，引导学生树立强国信心，把爱国情、强国志、报国行自觉融入实现中华民族伟大复兴的奋斗之中。

4　依托多元化的教学模式　促进专业知识和思政元素的有机融合

4.1　创新课堂教学模式

《纲要》指出，课程建设是思政教育的“主战场”，课堂教学是课程思政的“主渠道”。思政教育成果与课堂教学模式息息相关。因此，创新课堂教学模式是课程思政建设的必由之路。商务外语谈判课程传统的教学模式多以教师为主体，缺乏师生间的互动性和课程趣味性，一定程度上抑制了学生主观能动性的发挥。经贸谈判（阿）在课堂教学中设计了热身练习、要点复习、术语讲解、案例学习、谈判模拟、课堂总结等环节，为的是做好“起承转合”，做到思政教育内容贯穿始终，打造思政教育闭环。在课堂教学中，坚持以学生为主体，结合教师的案例讲解和学生的模拟谈判，调动学生学习的主动性和积极性，在案例学习和模拟实践中主动运用思政教育知识，实现显性教育和隐性教育的协调统一、课程思政和教育教学的有机融合。

4.2　借助现代教育技术　延伸思政教育时空

传统商务外语谈判课程思政建设主要依赖线下老师的讲授以及课上谈判案例和思政元素的有机结合，具有时空局限性，不能较好地启发学生的课后思考，打造思政教育闭环。而现代教育技术发展拓宽了政治教育渠道，为教育模式重塑提供了新契机，并延伸了思政教育空间，使思政元素贯穿学生学习的全过程。经贸谈判（阿）课程着力探索现代教育技术服务课程思政的新途径，推进线上线下混合教学，激发学生学习兴趣，引导学生进一步思考。商务外语谈判课程思政建设要借助慕课、智慧树、虚拟仿真课等线上学习平台发布课程学习资源，实现线上与线下的联动，让思政课教学体系逐渐从“平面”走向“立体”，使同学们可以在形式多样的“虚拟课堂”进一步深入理解课程教学内容，从而坚定理想信念，体悟使命担当。此外，课程应借助现代教育技术开发制作线上自主学习素材，应用翻转课堂，设计交互学习模块，实现课程思政的自然融入。

以经贸谈判（阿）第二课“中国对外贸易与经济合作政策”为例：线下课堂讲授中国经济发展与对外开放对全球发展的贡献，帮助学生正确认识百年未有之大变局下中国发展模式对世界的贡献；介绍阿拉伯国家主流媒体、智库对“一带一路”倡议的评价，引导学生增强“四个意识”、坚定“四个自信”。线上借助智慧树平台发布相关作业，要求学生提交以“国际贸易新格局、新趋势与中阿经贸合作”为主题的调研报告，引导学生思考新时代中阿经贸合作的机遇与挑战。经贸谈判（阿）依托信息技术将思政教育延伸至线上，有效拓展了思政教育的时空维度。

5 加强商务外语谈判课程思政团队建设

5.1 提升外语教师课程思政建设的意识和能力

教师不仅是连接教学内容和思政元素的桥梁，亦是联系学生和思政教育的纽带。推进商务外语谈判课程思政建设，教师是关键。一方面，要求外语教师充分挖掘商务外语谈判类课程中承载的思政元素，精准找出专业内容和课程思政的融入点，使思政元素自然融入教学设计中，不搞“两张皮”；另一方面，要求外语教师不断提升课堂教学能力，促进学生对思政知识的理解和认可，从价值、知识、能力三位一体的角度积极引领学生塑造价值观。充分发挥外语教师在商务外语谈判课程思政建设中的桥梁和纽带作用，需要从下述方面努力：

一是外语教师要提高自身学习思想政治理论的主动性，加深对思政教育内涵的理解。“师者，人之模范也。”教师的言行和思想政治水平对学生有着重要影响。这要求外语教师不断强化政治理论学习，积极从中华优秀传统文化、革命文化、社会主义先进文化中汲取养分，不断提高自身思想政治素质。

二是教师要充分实践学科交叉融合，以多学科视角设计教学内容。教师可以通过讲授中外交往史、中外经贸合作范例、中外文化对比分析，引导学生加深对中华优秀传统文化内核的理解，提高对中国特色大国外交的认识。由此，树立学生的文化自信，坚定爱国立场，使他们能在实际工作中讲好中国故事，传播好中国声音，维护好国家利益。

三是教师要重视提升课堂思政教学能力，善用“第二课堂”和现代化信息技术以及新型教育平台，不断改进和完善教学模式，并通过经验交流和教育观摩等方式，提升业务水平和课程思政教育教学能力。

5.2 加强课程思政团队建设

首先，组建教学团队，实现课程思政建设的协同合作。在经贸谈判（阿）的课程思政建设中，对外经济贸易大学阿拉伯语系组建了由 7 名教学水平突出的教师组成的教学团队，职称构成包括教授 3 名、副教授 1 名、讲师 3 名。团队成员以科研反哺教学，分工明确，承担了线下教学、教材审定、线上辅导等教学任务。此外，教学团队结合专业和课程特点优化了商务阿拉伯语人才培养课程体系，重点将思政教育的新元素充实至商务阿拉伯语人才培养课程体系之中，保持了教学内容的时代性与引领性。

其次，建立跨校优质课程资源共享机制，发挥示范辐射作用。经贸谈判（阿）课程借助“学习强国”“爱课程”等现代信息技术教育平台实现了课程建设资源的共享，起到了良好的示范作用。此外，经贸谈判（阿）课程团队认真贯彻落实学校和学院课程思政建设工作方案，积极参与校内举办的培训研讨以及“校级课程思政示范项目”活动，通过交流学习，积累建设经验。

6 建立健全商务外语谈判课程思政建设质量评价体系

《纲要》指出：“人才培养效果是课程思政建设评价的首要标准。”商务外语谈判课程思政建设致力于围绕立德树人的根本任务，从价值、知识、能力三个维度，培养兼具扎实的商务外语谈判能力和坚定的政治立场的商务外语人才。鉴于此，其课程思政建设的质量评价体系不应仅仅局限于考察学生的专业课成绩，更应尽量多元化，从多个维度考察人才培养效果和课程思政建设成果。

经贸谈判（阿）课程在注重过程化考核的基础上，构建了线上和线下相结合、课内和课外相结合、教师和学生相结合的综合考核评价体系，不仅关注学生的考试成绩等量化结果，还更加注重考察学生在平时和实践中的思想政治表现，全面考核学生的综合素质。

此外，课程团队还构建了多维度的课程思政建设成效考核评价体系，从校内同行、校外同行、学生等多元评价主体获得课程思政建设成效反馈。他们一致对课程作出高度评价，认为课程总体设计合理、重点突出、讲授生动、互动良好、效果明显，不仅有利于提高学生的阿拉伯语水平，还有利于加深对中阿经贸、中阿双边关系等的全面认识。

7 结论

为培养兼具商务外语谈判技能和高度文化自信的外语人才，经贸谈判（阿）教学团队积极探索课程思政建设之路。在教学内容设计方面，坚持以学科专业内容为出发点，根据《纲要》所提出的思政教育目标，深入挖掘教学内容承载的思想价值和精神内涵，并结合思政元素找准专业课程和思政教育的融入点；在教学内容方面，服务外语类课程思政建设时代性的要求，建立更新机制，密切关注国际局势的新变化、国际贸易法的新修订及中阿经贸合作的新动向，适时更新教学案例；在教学模式方面，积极创新并善用现代教育技术，打造多元化的教学模式，促进思政元素的自然融入，实现显性教育和隐性教育相统一；在团队建设方面，注重外语教师课程思政建设意识和能力的提升，从组建高水平教师团队、建设优秀课程资源共享机制等方面着手推进团队建设；在评价体系方面，以人才培养效果为首要标准，构建多元化的综合考核评价体系，全面考核学生的综合素质。

参考文献：

安丰存，李柏年，2021. 新文科视阈下外语课程思政与外语人才核心素养培养[J]. 外语电化教学（6）：45-50+7.

黄国文，2022. 挖掘外语课程思政元素的切入点与原则[J]. 外语教育研究前沿，5（2）：10-17+90.

彭小飞，2022. 外语课程思政建设的内涵、意义与实践路径探析［J］. 外语电化教学（4）：29-33+113.

习近平，2022. 高举中国特色社会主义伟大旗帜 为全面建设社会主义现代化国家而团结奋斗：在中国共产党第二十次全国代表大会上的报告［N］. 人民日报，10-17（2）.

肖琼，黄国文，2020. 关于外语课程思政建设的思考[J]. 中国外语，17（5）：1+10-14.

中华人民共和国教育部，2020. 教育部关于印发《高等学校课程思政建设指导纲要》的通知[EB/OL].（2020-06-01）［2023-05-04］. http://www.moe.gov.cn/srcsite/A08/s7056/202006/t20200603_462437.html.

中意语言文化对比研究课程建设初探

——以中国诗词外译研讨为例

吴　菡[①]　李美姝[②]

摘　要：作为2021年开始招生的新开口译硕士专业，对外经济贸易大学意大利语MTI课程尚在初始探索阶段。就全国而言，学校属于较早开设此专业的高校之一，在教学课程资源方面缺乏可供使用的系统丰富的教学课程资源，因此该专业的必修课程“中意语言文化研究”成为了我校教师进行课程建设的重点内容。本文旨在通过介绍中国古诗词翻译的课程教学内容，探讨语言文化对比教学的新思路和新特点。

关键词：中意语言文化对比研究课程；人才培养；意大利语

1　基于语言艺术及文体特征的中国诗歌解读

古诗词在中国传统文化中占据着不可替代的地位，长久以来不仅深刻影响了中国人的艺术风格、精神思想等，更是在近几个世纪走向世界，影响了大批的外国文人、学者，从而成为中华文化的一张名片。但它走出去的过程并不是一帆风顺的，这种时代久远又博大精深的艺术形式使得国内外译者无不感叹其翻译之难，然而事实上却总是能有令人赞叹的译作问世。因此，以诗歌为切入点进行中意语言和文化层面的对比研究既具有典型性也具有挑战性。

为更好开展诗歌翻译教学，教师首先利用3周课（9课时）的时间，结合蒋绍愚老师《唐宋诗词的语言艺术》对中国诗歌的语言和文体特征进行了讲解。

唐宋诗词中经常会出现一些特殊句式，如不能分析解剖则不能真解其意。王安石所谓的“诗家语”也就是王力所说的“不成话的句子在诗句中反显得

---

① 吴菡，对外经济贸易大学副教授、硕士生导师，研究方向为句法语义学、意汉翻译等。本文受2021年国际中文教育创新资助项目“国际中文教育框架下中意联合培养高级中文翻译人才培养项目”（项目号：21YH006CX1）资助。

② 李美姝，对外经济贸易大学外语学院2022级硕士研究生。

有特殊格调”。比如在杜甫的《客至》中有：“盘飧市远无兼味，樽酒家贫只旧醅。”在“盘飧”“樽酒”之后分别插入“市远”“家贫”，打乱了语序。白居易《代书诗一百韵寄微之》：“儒风爱敦质，佛理赏玄师。”实际意思是“爱敦质之儒风，赏玄师之佛理”，采用了所谓“话题句”的倒序方式。再比如白居易《长恨歌》中有：“花钿委地无人收，翠翘金雀玉搔头。”“翠翘金雀玉搔头”句式上则是对“花钿”的“补足”。

除此之外，蒋先生还介绍了名词语和关系语。比如在杜甫《堂成》的“桤林碍日吟风叶，笼竹和烟滴露梢”中形成了两组“名词语”。周邦彦《过秦楼》：“梅风地溽，虹雨苔滋，一架舞红都变。”“梅风”“虹雨”则是“因梅风”“因虹雨”，是表因果关系的关系语。在讨论诗词的艺术特色时，多数人谈及的都是修辞，然而诗歌的很多艺术表现手法，非修辞格所能概括。蒋先生就将这些艺术表现手法在“炼字和炼句”“比喻和对比”“奇巧和真切”“细密和疏朗”这几个方面的呈现分别进行了解析，在此不一一赘述。

从语言学和语言艺术的角度剖析之后，教师会展开对古典诗歌文体中所展现的“音美”“形美”“意美”的介绍。诗歌本来是诗与歌的总称，诗就是歌词，在实际表演中常配合舞蹈和音乐歌唱，比如汉代的乐府诗、唐宋以后的词和曲都有配乐伴唱。尽管绝大部分曲谱都没有流传下来，诗歌的音乐美仍可以从平仄、押韵、句式结构等方面体现出来。古诗的语言讲究平仄押韵、音调节奏和句式的整齐对仗或参差变化，从各个方面营造出韵律的音乐美。比如通过向学生介绍李清照《声声慢》的开头，就可以帮助学生领悟中国古诗词音韵的特点，引导他们思考其特征是如何表现的。《声声慢》七个叠词连用：“寻寻觅觅，冷冷清清，凄凄惨惨戚戚。”四字入声，再加平上，读来徘徊低迷，婉转凄凉。

王国维在《人间词话》中简要地总结出了中国古典诗歌的演变历程：从《诗经》的四言体到《楚辞》的骚体，再到五七言诗，最后是长短句的词和曲。通过介绍不同类别的诗歌对格式的不同要求，学生亦能领悟诗歌均衡对称的形式美。《诗经》中的四言体，常采用重章叠句的结构形式来加强抒情，如“桃之夭夭，灼灼其华”的反复吟咏；而律诗则要求颔联和颈联必须对仗，讲究平仄，押韵严格。

中国古典诗歌大都简短精要，语言含蓄精炼，诗人常采用托物言志的手法，通过简单的意象堆叠营造出深远的意境，超脱了意象本身，从有限上升至无限，从具体升华到空灵，给读者以无限的联想和启发，引领读者进入诗人所创造的广阔的艺术空间之中。如王维《山居秋暝》中的泉水、青松、翠竹等意象都营造了诗人以物明志、回归自然的脱俗意境，而这一手法正是国外诗歌研究者最为着迷的中国特色，如何翻译值得深入探讨。

因此，我们认为要想做好诗词翻译，首先得是古诗词的深度阅读者、鉴赏者，只有基于对中国文化及诗词语言、文体的深刻理解，才能更好地想出方法表现其特点和内涵。

2 基于诗歌可译性及不可译性的理论研讨

关于诗歌是否可译的争论已持续上千年。早在 14 世纪，意大利诗人但丁就提出诗歌不可译的观点。“经过了翻译这一过程，原诗的韵律和美感等鲜明特征将不复存在，因此在但丁看来，包括诗歌在内的文学作品是不可译的。”（却正强，2010）美国文学的桂冠诗人罗伯特·弗洛斯特也认为：“诗者，译之所失也。”在翻译过程中，诗歌就已经失去了原有的特色和美感。

有关上述问题，我们会采用较之上一话题不同的教学方法，即引导学生阅读不同学者的理论著述，从而在课堂上进行展示、辩论。比如有学生就会列举雅各布森曾提出的翻译三分法：语内翻译、语际翻译、符际翻译。提出若是将中国古典诗歌进行“语内翻译”，即在汉语体系中进行转换，将诗歌以白话文的形式译出再进行赏析，虽然可以理解诗中要义，但原诗的格律和意境之美都将不复存在。将诗歌进行“语内翻译”尚且如此，如果进行广义上的翻译，也就是“语际翻译”，将诗歌译为另一种不同于源语言的文化背景和语言系统的语言，诗的本味也很难保存。

学生也会强烈批评“功能对等”理论，支持所谓严格意义上的“对等”不存在这一观念，并提出：奈达在后来发表的《翻译：可能与不可能》中亦指出翻译是可能的，但大多数情况下，只能达到“最接近的自然对等”而不能实现“充分完全的翻译”，这也从侧面反映出翻译必定会导致原诗意味的流失。

而另一派学生则会利用文化翻译理论界的领军人物苏珊·巴斯内特的“文化转向”概念，来支持诗歌可译性观点。比如学生会引用巴斯内特的论文《种子移植：诗歌与翻译》中的一个比喻，它生动描述了诗歌翻译的过程：“翻译诗歌就像移植种子，译者需要决定并且寻找这颗种子，译者将其移植到新的土壤中，使它茁壮成长。”这意味着翻译不是机械的复制，而是解构和重构的过程。译者在理解原诗的意味以后，在心中进行意境的重建，最终用另一语言将诗的美还原，使得译作能在新的文化语境中绽放出同样的光彩。正如巴斯内特所说：“诗者，译之非所失也；诗者，恰为译之所得也。”

（Bassnett，2001）

尽管翻译诗歌确实存在很多困难和问题，但这并不意味着诗歌是不可译的。诗歌不是无形的或不可言喻的东西，也并不是在翻译过程中丢失的东西。翻译可以为目标语的文学体系带来变革和创新，译作的诞生代表着新的生命力和活力，这些都是在翻译过程中获得的，而不是失去的。

真理越辩越明，学生通过研读论文、开展辩论，更深入地理解了翻译的任务并非使译作和原作等同，也永远找不到完全的对等，翻译诗歌更是如此。"诗歌不可译"很大程度上指的是诗歌翻译的难度极大，译者是明知诗歌翻译之难而迎难而上的勇士，同时，译者也需要做一个能在"可译"和"不可译"中找到平衡点的智者。

3　通过具体翻译案例，分析诗词意语翻译的重难点

经过第一步的古诗赏读分析和第二步诗歌翻译理论的流派之争，学生对诗歌翻译的发展和当前困难有了更多理解，了解到所谓"不可译"其实更多是考虑到诗歌在翻译的过程中，它的韵律、节奏、修辞手法等语言本身固有的特点难以被转化。因此，教师需要通过第三步：结合具体翻译实例展现语言系统的差异，为学生展示可能的诗歌翻译方法和存在的问题。

诗歌的美感来源于修辞，而不同的语言系统的修辞手法也大不相同，这也导致诗歌翻译往往是译者再创作的过程。中国古典诗歌的意境来源于意象的堆叠和用词的模糊，一个名词就是一个意象，几个意象并列构成了一幅写意的画面，有时甚至很难分清"主谓宾定状补"，意象指示不明，诗意耐人寻味。然而意大利语讲究线性思维和明确表达，中国古典诗歌常缺乏主语给翻译增加了很多困难，译者们往往将主语确定为诗人的第一人称，这样的处理方式虽然可以保证理解的通畅，但也减少了诗意的朦胧美。

汉语和意大利语是截然不同的两种语言，中国古典诗歌在重复、结构、押韵、平仄等方面有着不同的要求，因此中国古典诗歌所依赖的结构和一系列规则在意大利语中可能并不存在。一味地追求诗句的节奏和韵律，保留原诗的形式，可能会因小失大，极大地破坏原诗的意境。

此外，教师也会告诉学生译者对译作呈现的影响。不同的译者对原诗的见解不同，在翻译中采取的策略也不同，这可能会导致一首诗的多个译本之间相差甚远。在对同一首诗进行翻译时，译者当然可以有不同的阐释，但都应在尊重原诗内容的基础上，尽可能地传递原诗形式上的特点，让诗作的音美、形美、意美的流失减到最低，让译作最大限度地彰显出原诗的风貌。以

下以两位汉学家对《月下独酌》的不同译本为例做简要说明。

《月下独酌》这首诗作于 744 年，当时的李白身处长安，官场失意，政治抱负无法实现，心情孤寂苦闷。因而他邀月作伴，狂歌醉饮。表面看来，诗人面对黑暗不愿沉沦，恣意洒脱，尚能自得其乐，实际上心中的忧郁和愤懑难以排遣，透出无限的孤独和凄凉。

本文选取的两位译者，一位是马丁·贝内迪克特（Martin Benedikter）（1908—1969），来自上阿迪杰地区，母语是德语，曾从事德语汉学研究，也曾赴美进行唐诗研究，著有《二十首唐代四行短诗》《王维和裴迪，辋川集》《唐诗三百首》，译作《唐诗三百首》收录了 320 首唐诗，并对唐诗的体裁、格律、音韵特点作了较为全面而准确的介绍和评价。他的译作较为完好地保留了唐诗独特的感性魅力，成为一种典范，而且全书编排清楚、考证严谨、插图精美，体现出译者良好的治学风范（谷倩兮，2015）。

另一位是学贯中西的汉学家阿莱那（Leonardo Vittorio Arena）（1953—），他是意大利哲学家、东方学家、宗教史学家，一生致力于研究东方文化，著有《中国唐诗》，其中收录了 140 首抒情诗。

月下独酌

李白

花间一壶酒，独酌无相亲。
举杯邀明月，对影成三人。
月既不解饮，影徒随我身。
暂伴月将影，行乐须及春。
我歌月徘徊，我舞影零乱。
醒时同交欢，醉后各分散。
永结无情游，相期邈云汉。

先看两位译者对题目的翻译。贝内迪克特将《月下独酌》译为：

“Bevendo da solo sotto la luna”

这是十分忠实、简洁的翻译，没有多余的描写；

阿莱那则将题目译为：

“Sotto la luna, un festino solitario”

没有完全照搬原题目，而是根据自己的理解改译，意为月下独自小宴。阿莱那保留了全诗最重要的元素“月下”，festino 是小的宴会，宴会就会喝酒，因此隐含了原题目中的“酌”。在 festino 后还有一个修饰词 solitario（孤独的），一提起宴会一般都会联想到热闹和欢乐而非孤独，作者通过这样的对比修饰来突出李白的孤寂。

在诗的形式方面，两位译者将原诗译为了诗的形式而非散文，尊重了原诗的分句、行的格式，表达也都较为简洁精练，符合诗歌的文体特征。

从意象上来看，诗人李白以“成三人”“行乐”“舞影”“交欢”等词来描绘自己有明月和清影作伴，把酒言欢的热闹场面，同时又有“无相亲”“不解饮”“各分散”等词和前面形成强烈对比，烘托出“举杯消愁愁更愁”的苦闷，月影也难以安抚诗人的孤苦。

贝内迪克特分别用了“compagnia”（伙伴）、“lieto”（快乐）、“gioia”（喜悦）和“non un amico con me”（无相亲）、“luna che bere non sai”（不解饮）、“andare diviso”（各分散）进行对比，体现出诗人欢乐之下掩藏的孤独。

同样的内容阿莱那则用“saremo in tre”“gaiezza”“gioia”和“privo di amici intimi”“ciascuno si disperde”“vagando senza affetti”来进行对照。

两个版本的译作都很好地诠释了诗人李白的“独而不孤，独而生悲”的情感，较好地还原了诗作中的意象和意境，令意大利的读者们读到此诗，也能感受到和诗人李白一样的凄凉冷清之感。

再看诗歌的“炼词”之道，原诗第一句中的“花间”意为在花丛之间，阿莱那将它译为“seduto lì tra i fiori”（坐在花间），增加了“坐”的动作，但原诗并未提及诗人是以什么姿态饮酒的，这样的增译可能有损原诗朦胧的意境。而贝内迪克特的译法“tra i fiori”则恰到好处，简洁凝练，没有赘余，符合诗歌文本精简的特征。

第三句诗“月既不解饮，影徒随我身”表达的是“明月不懂喝酒的快乐，影子跟着我也只是徒劳无用，无法帮我排解内心的忧苦”。贝内迪克特的翻译是“luna che bere non sai, ombra che per natura segui il mio corpo”，即“月亮也不理解饮酒，影子跟着我只是因为它生来如此”，“per natura”表明了影子跟随诗人只是因为它的性质决定的，而不是真正意义上的陪伴，这样的译法恰如其分地烘托出了诗人的孤独感。

而阿莱那的翻译“giacché la luna non si negherà al bere.E mentre l’ombra seguirà il mio corpo”，意思是“因为月亮不会推辞饮酒，而影子就跟在我身后”，或许是译者理解上的偏差导致译文和原诗的涵义有一些出入。原诗中的月亮不懂饮酒之乐，而译诗中的月亮却不推辞饮酒，表达出的意思和原文相差甚远，并且译文遗漏了“徒”字，整体竟营造出月影作伴、把酒言欢的热闹氛围，背离了原诗的意味。

最后一句诗“永结无情游”意思是“我愿意永远和月亮和影子结交相伴，即使它们没有感情”，贝内迪克特将它译为“Ma eternamente voi mi accompagnate nel mio vagare senza sentimento”，即“你们（月和影）没有感情，但会永远地陪伴着我去游历”。译文意思贴近原作，升华了诗人和月影之间的友情；阿莱那则将之译为“Noi tre，per sempre uniti，vagando senza affetti”，意为“我们三人会永远在一起，没有感情地游历”。虽然译诗很简洁，却没能完整地传达出原诗的涵义，还容易给目的语读者造成误解。

通过具体实例中不同翻译文本的对比，学生能从翻译文体、意象表征、托物手法及字词锤炼等角度对诗歌译文进行研读，从而丰富其翻译方法，提高翻译水平和对中外语言的差异认知。

4 结语

我们认为进行语言文化对比研究的授课，选取的切入角度很重要。诗歌翻译可以有效引导学生关注汉语语言特点及中国文学特质。要想进行好的文化传播，先要在翻译前成为一个合格的读者，对诗歌语言艺术的把握不可或缺，这是开始对比的第一步。

在翻译诗歌时，译者要以原诗的立意为出发点，在内心进行意象的重建，最好以诗人创作时的思路进行翻译，这样才能保证译作的忠实性，这是第二步经讨论后带给学生们方法论上的启迪。

由于中国古典诗歌的修辞手法多样，对格律、平仄、押韵的要求严格，如何尽量还原诗作形式和风格，保留中国诗歌模糊含蓄、凝练精简的特点，使诗作在新的语言环境下重现原作的魅力与风采，使目的语的读者能够从译诗中获得与中国读者相似的共鸣和美感体验，是我们通过大量的翻译实践和实际译本的不断研读才能获得的技能和体悟，可以成为理论课程中重要的产出部分。

因此，如何在 MTI 课程中进行理论与实践的结合，帮助学生提升文化内涵和学识洞见，继而提高中文外文转换翻译的水平，中意语言文化对比课程的三步走方式，可能是一条可行的思路。

参考文献：

谷倩兮，2015. 意大利汉学家马丁·贝内迪克特唐诗意译研究［J］. 牡丹江大学学报，24（7）：49-51.

蒋绍愚，2022. 唐宋诗词的语言艺术［M］. 北京：商务印书馆.

却正强，2010. 论翻译中的可译性与不可译性之争［J］. 学术问题研究（2）：60-64.

王国维，2010. 人间词话［M］. 南京：译林出版社.

BASSNETT S, LEFEVERE A, 2001. Constructing Cultures Essays on literary Translation［M］. Shanghai: Shanghai Foreign Language Education Press: 74.

“产出导向法”在中国传统文化对外传播教材中的应用

韩　丁[①]

摘　要：本文介绍了“产出导向法”在德语中国文化传播教材中的应用。为了培养学生用德语讲好中国故事、弘扬中国传统文化的能力，编者团队使用较为前沿的“产出导向法”编写了一部用德语传播中国传统文化的实践教材。本文在介绍全书的编写概况的同时，以一个教学单元为例，展示“产出导向法”在中国传统文化传播教材编写领域的应用。在文章的最后，作者反思了教材编写过程中遇到的问题，并对“产出导向法”在小语种外语教学中的应用前景进行了展望。

关键词：中国传统文化；产出导向法；对外传播；德语；教材编写

0　引言

习近平总书记曾多次在重要会议上指出要讲好中国故事，提高国家文化软实力和中华文化影响力。“讲清楚中华优秀传统文化是中华民族的突出优势，是我们最深厚的文化软实力。”我国面临百年未有之大变局，宣传介绍我国优秀传统文化是树立良好中国形象的关键。2017年，中共中央办公厅和国务院办公厅联合印发了《关于实施中华优秀传统文化传承发展工程的意见》，其中明确指出要探索中华文化国际传播与交流新模式，综合运用大众传播、群体传播、人际传播等方式，推动高校开设中华优秀传统文化必修课，在哲学社会科学及相关学科专业和课程中增加中华优秀传统文化的内容。国内高校德语教材虽然有提及中国传统文化的内容，德语教师也利用各种契机在课

---

① 韩丁，博士，对外经济贸易大学外语学院讲师、硕士生导师，研究方向为跨文化交流、德语语言学、区域国别研究、教学法。本文系教育部高等学校外国语言文学类专业教学指导委员会德语专业教学指导分委员会教育教学研究重点项目（21DYJJ01）“通过语伴学习促进中德文化传播：LeiGeTa 项目”的阶段性成果。

堂上弘扬中国传统文化，但现有教材多基于语法翻译法编写，尚无基于“产出导向法”（Production-Oriented Approach，下文简称 POA）编写的德语中国传统文化类专门教材。

“产出导向法”自 2007 年第一次以“输出驱动假设”的形式被提出以来，历经了“萌芽期”“雏形期”“形成期”“修订期”和“再修订期”（文秋芳，2020），日趋完善，并形成体系。“产出导向法”吸收了国外先进教学理念，并根植于国内的教学实践，是适合中国国情的外语教学解决方案（文秋芳，2017；邓海龙，2018）。研究表明，“产出导向法”正在越来越多地得到学术界和外语教师的关注，并已经涌现出一批相关研究。尽管近年来小语种教师已经越来越多地关注“产出导向法”（刘琛琛、冯亚静，2019；詹霞，2019），但该理论还是存在着应用领域多局限于英语教学的发展瓶颈（黄浩平、张丹，2020）。

本论文将展示教材编写团队使用“产出导向法”编写的中国传统文化德语传播教材。该教材定位于实践类外语教材，着重培养学生用德语讲好中国故事、传播中国传统文化的能力。根据教育部 2020 年的最新意见：各高校要把实践课程纳入高校必修课体系。在这一契机下，编写以传播中国传统文化为目的的跨文化交际实践教材则显得适时且重要。

教材编写团队在对外经济贸易大学负责“中国文化传播（德）”课程，但苦于没有符合新时代中国文化软实力特点和使用较为先进教学理论编写的教材。2020 年，“产出导向法”的创始人文秋芳（2020：28）指出，目前我国大学外语教育往往面临两个根本问题，即“学用分离”和“文道分离”。“学用分离”指“输入与输出分离”，外语教师在教学时往往“重输入、轻输出”，教学的重点是学习和记忆语言知识的能力，而学生能否将所学知识运用到真实交际活动中，似乎不是教师的职责。“以文载道”是中华优秀教育传统。党的十八大以来，习近平总书记多次强调要坚持把立德树人作为根本任务，培养德智体美劳全面发展的社会主义建设者和接班人。但在外语教学中，教师往往把外语单纯当作交际工具来传授，造成“文道分离”的现象。对于刚刚完成高考的中国学生来说，大学四年恰恰是其世界观、人生观和价值观形成的关键时期。高校教师在教授外语技能的同时，还要牢记立德树人也是高等教育工作者的重要本职工作。

为了摆脱上述外语教学中的困境，本编者团队使用“产出导向法”理论编写了《中国传统文化德语传播教程》，全书共分八个单元，分别围绕着一个中国文化主题，另外辅以两篇“文化对话”（Kulturdialog），计划课时数为 32

课时，配合一个学期的课堂教学。教材面向国内德语本科高年级学生（大三或大四），旨在培养学生的德语表达能力、跨文化认知能力和使用德语传播中国传统文化的能力。

1 教材总体设计

"产出导向法"针对接受正规外语教育、具有一定外语语言基础的学习者（文秋芳，2020），而本教材则针对已经完成了德语基础阶段学习的高年级德语学习者。通过让学生在学习前尝试语言产出，使他们意识到产出的困难，然后教师针对产出目标和学生产出困难提供相关的输入，帮助学生有效地吸收、消化和运用后续提供的相关输入（文秋芳，2020），即通过输出驱动激发学生学习新语言知识的欲望，使学生在"知不足"的前提下，意识到自己在中国传统文化方面的知识匮乏和缺乏相应表述中国传统文化的外语技能，从而能够产生想要掌握这些知识和能力的欲望和积极性。之后通过教师的讲授和评估使学生达到能够灵活使用所学知识完成产出活动的目的，从而获得完成总产出任务的能力。

1.1 教学目标

根据编者团队多年的教学与观察，发现中国大学本科生普遍对中国的传统文化缺乏了解，更不具备使用德语讲述和传播中国传统文化的能力。本教材的教学目标主要为培养学生三方面的能力：德语表达能力、跨文化认知能力和使用德语传播中国传统文化的能力。这既符合《普通高等学校本科德语专业教学指南》（教育部高等学校外国语言文学类专业教学指导委员会，2020）中对培养目标的要求，也符合 POA"关键能力说"所提出的六种关键能力中的两种关键能力，即德语运用能力和跨文化能力，但又不局限于这两种能力，在获得这两种关键能力的同时，必然会涉及其他四种关键能力：学习能力、思辨能力、创新能力和合作能力。如在习得语言和文化能力的同时必然会有学习能力的介入，而在设计教学流程的时候，加入讨论和思考环节能够有效激发学生的思辨能力，创新能力和合作能力则体现在跨文化交际实践当中，使学生寓学于练。在此基础上，本教材还尝试遵循"以文载道"的原则，在教授学生语言能力和跨文化交际能力的同时，着重培养学生使用外语传播中国传统文化的能力。

1.2 教材结构

教材共分为八个单元，每个单元对应一个中国传统文化主题，计划完成一个主题用时 4 课时，即完成全部教学内容需要 32 至 36 课时，按照每周 2

课时计算，主讲教师可以在 16 至 18 个教学周内完成教学任务。

教材选取在中国乃至世界文化宝库中具有鲜明代表性的中国优秀传统文化作为学习的主题。中华五千年文明是世界上唯一没有中断过的古老文明，承载着中国历史上各种思想和传统，是通过不同的文化形态来表示的中国各民族文明、风俗、精神的总称。中国历史悠久，文化博大精深，本教材很难以一书之力涵盖所有中国传统文化。编者团队从博大的中国传统文化宝库中选取了八个具有代表性的主题，结合"产出导向法"理论体系，编写出了该德语实践教材。八个单元的主题见表 1。

交流应当是双向的，有信息的发出者，同时也需要信息的接收者。如何能够使中国传统文化更好地传达到德语国家人群？如何能够让他们更容易地理解并接受中国传统文化？编者团队为此进行了创新尝试：为了能够向学生提供更多视角，避免"自说自话"，编者团队特别设计了文化对话章节，通过来华德国人对中国传统文化的直观感受，向学生提供了一个从德方视角体会中国传统文化魅力的机会，也希望借此能够引起中国学生的反思并加深他们对中国传统文化的热爱。

表 1　教材八个单元主题与单元内容列表

单元	单元主题	单元内容
第一单元	孔子与道家（Konfuzius und Taoismus）	孔子与儒家，道家思想
第二单元	饮食文化（Esskultur）	中国的菜系，端午节与粽子
第三单元	茶文化（Teekultur）	中国茶叶的分类，传统制茶工艺
第四单元	中医（Traditionelle Chinesische Medizin）	中医，推拿
	文化对话 1（Kulturdialog 1）	与 Biermann 女士对话
第五单元	建筑（Architektur）	胡同与四合院，中国的园林
第六单元	养身健体之道（Sport für Körper und Seele）	中国古代的健身之道，少林功夫
第七单元	瓷器（Porzellan）	瓷器的历史与发展， 瓷器的烧制与种类
第八单元	文人四艺（Die vier Künste des Gelehrten）	古琴与古曲，围棋的起源
	文化对话 2（Kulturdialog 2）	与 Müller 女士对话

2 教材单元举例

全书八个单元的结构基本一致，本文仅以“饮食文化”作为例子展示教材每个单元的结构和“产出导向法”在教材中的应用。尽管人们可能没有意识到这一点，但每个民族都根据自己的固有饮食模式取材烹饪（Methfessel，2006），每个民族都有自己的特色饮食。而中国更是以其精湛的烹饪技术和对“色、香、味、形、美”和谐统一的追求而名冠全球。中国饮食文化的对外传播，在中华民族文化传承与文化认同、传播中华文化、提升中华民族影响力、增强国家文化软实力方面起到了重要作用（姚伟钧，2016）。饮食文化具有精神文化和物质文化的双重特点（Barlösius，1999），是联合国教科文组织对文化定义的完美体现：“文化是整个社会独特的精神、物质、智力和情感特征的总和。”（UNESCO，1982：41）因此，选取饮食文化作为本教材的一个单元符合“借助文化跨文化”（Interkultur durch Kultur）的编写理念，也是一个让中国文化“走出去”的绝佳着力点。

“饮食文化”单元遵循新修订的“产出导向法”教学理念，设有驱动环节、促成环节和评价环节（文秋芳，2020）。具体教学设计见表 2。

表 2 饮食文化单元的“驱动—促成—评价”环节设计

单元板块	教学流程	内容安排	结构说明
驱动	主题导入	视频导入，请学生通过观看端午节和粽子的视频，尝试自行介绍中国传统菜肴。	间接驱动，让学生认识到，不经学习尚无法完成类似的产出。
	场景呈现	假设学生在德国留学，并结识了德国朋友，德国朋友对中国美食垂涎已久，想请中国同学烹饪地道的中国美食，并介绍做法。	直接驱动，揭示内容和语言的双重不足，激发学生的兴趣和学习欲望。 介绍本课的学习目标：介绍中国菜肴和做法。
促成	驱动 1 促成 1 产出 1	菜肴和菜系配对：尝试激发学生对中国菜系的兴趣 课文 1：《中国的菜系》及练习 口头复述：中国的菜系和特点	产出子目标 1： ● 掌握与烹饪和菜肴相关的词汇 ● 了解中国的菜系及其特点

续表

单元板块	教学流程	内容安排	结构说明
促成	驱动 2 促成 2 产出 2	互动环节：请同学们谈谈南北方粽子的区别 课文 2：《端午节与粽子》及练习 口头复述：端午节的来历和粽子的做法	产出子目标 2： ● 掌握端午节和粽子烹饪相关的词汇 ● 掌握粽子做法的德语表述 ● 掌握用德语写菜谱的格式 ● 思政元素：了解诗人屈原的爱国主义思想
	驱动 3 促成 3 产出 3	讨论环节：请同学们讨论中国菜受到外国人喜爱的原因 附加课文：《伪中国菜》及思考题 思辨训练：请学生思考并讨论，为什么走出国门的中国菜会变成“伪中国菜”？	产出子目标 3： ● 全面了解中国美食在世界的地位 ● 思考中国美食在外国被改变做法的原因
评价	课后作业及评价	写一个菜谱：延续导入场景，德国学生吃了中国同学做的中国菜，都赞不绝口，纷纷找中国同学索要菜谱。请同学们选一个家乡菜，并为德国同学写一个菜谱。 作为课后作业，请学生上传至德国烹饪网站 www.chefkoch.de，并回答网友的问题和点评。	训练学生书面表达能力 激发学生对中国菜肴的兴趣 教师对学生的菜谱进行批改和点评

2.1 驱动环节

驱动环节的主要任务是通过产出尝试使学生认识到自己的不足之处，从而调动他们的学习积极性，刺激学习欲望（文秋芳，2020）。驱动环节可以通过教师介绍一个现在或者未来可能发生的交际场景，由学生尝试完成产出活动，然后由教师与学生一起分析产出困难，从而达到“知不足”的目的。

根据“产出导向法”理论，驱动可分为直接驱动和间接驱动。前者由教师介绍交际场景和产出活动要求，直接让学生尝试完成产出活动；后者使用（微）视频方式，展现与学生水平相当的学生产出活动场景，让学生意识到自己现在尚无法完成此类产出活动。根据这一理论，本教材设计了两个驱动环节：“视频导入”和“场景呈现”，供任课教师按需选用。视频导入环节中，编者团队根据学生水平，找到了由旅德华人拍摄的介绍粽子做法的视频，并征得版权所有方同意，供学生学习使用。通过观看视频，学生可以认识到，要达到视频中展示的德语表达水平，无论在内容上还是在语言上，均存在不同程度的困难，从而达到间接驱动的目的。在直接驱动部分，教材呈现了一个学生未来可能遇到的场景，即留学期间请德国同学吃自己做的中国菜。中国美食闻名世界，但即使在物价水平不高的德国，吃一顿中餐也不便宜。中国学生可以自己烹饪一桌中餐，邀请德国同学品尝。这样不仅节俭，还可以促进和德国同学的友谊，并借此弘扬中国传统美食。中国学生可以在网上学习中国菜的做法，或者求助家长和朋友，做好之后将它们介绍给德国同学。这一产出活动无论从内容（烹饪），还是从语言（德语表达）上来说，对学生均是一个挑战，但也是一种育人方面的促进，同时可以推广中国的饮食文化。

2.2 促成环节

促成环节的主要任务是帮助学生“逢山开路遇水搭桥”，有针对性地为学生完成产出活动提供助力（季薇、桂靖、朱勇，2020）。教师根据内容、语言和话语结构三个条件为学生提供输入材料，同时设计教学活动，帮助学生将从输入材料中接收的知识转换成产出性知识。

根据“产出导向法”理论体系，本教材的教学流程也由若干个“驱动—促成—评价”微循环组成（文秋芳，2018）。如“饮食文化”单元的促成部分由三个独立的“驱动—促成—子产出任务”微循环组成。尽管三个微循环各自独立，但它们都为总产出目标服务，以便学生随时了解各产出子目标以及它们与总目标的关联，有的放矢地从输入中选择学习，分步化解困难，循序渐进，最终顺利达成总产出目标（詹霞，2019）。

编者团队在设计“饮食文化”单元时，设计了两篇课文和一篇附加课文供任课老师使用。如课文 1“Die chinesische Küche”（中国的菜系）主要介绍中国各大菜系的总体情况，让学生对中国的饮食文化有一个总体了解。课文 2“Drachenbootfest und Zongzi”（端午节与粽子）除介绍端午节的由来和爱国诗人屈原的故事外，还介绍了粽子的做法，并以粽子为例向学生传授德文菜谱的特点和写法。附加课文“Pseudo-Chinagericht”（伪中国菜）则主要培养学生的思辨能力，激发学生的讨论热情。

以课文 2 为例，任课教师可以在学习课文之前，先请学生讨论南北粽子的区别，当学生意识到自己也许知道其中的区别，但无法使用德语完成相应的表达产出时，根据“产出导向法”理论，任课教师就达到了驱动环节的目的——激发学生的学习欲望。之后经过对课文及课后练习的学习，学生应当掌握端午节和粽子烹饪相关的词汇以及相应的德语表达，并且通过学习课文中的粽子菜谱，掌握书写德文菜谱的格式。

此外，编者团队对课文内容的选择是有目的性的。将为纪念爱国诗人屈原而设立的端午节和特色食品粽子作为课文内容，可以培育学生的爱国主义精神，从而达到课程思政的目的。

作为微循环的子产出任务，学生在课上需要尝试口头复述端午节的来历和粽子的做法，任课老师通过点评，引导学生习得正确的表达方式，并扩充和归纳口语表达形式。

2.3 评价环节

最后，教师应当就学生完成的产出活动进行评估和点评。评价环节既是对教学成果的检验，也是复习、巩固、强化新学知识的绝佳机会，因而是“产出导向法”必不可少的环节。

评价作为教学中的重要一环，已经有诸如“学生自评”“同伴互评”“机器自动评价”等评价方式。在肯定前人评价方式的基础上，“产出导向法”理论在评价环节创新提出了“师生合作评价”方式。“师生合作评价”的评价主体由学生、教师和机器自动评分系统构成，教师需要课前对典型样本进行详评，然后课上学生之间合作、教师与学生合作共同评价典型样本。课后学生在共同学习如何进行有效评价的基础上，进行自评和互评，最后教师通过抽查或普查的方式了解教学目标的实现情况。这一评价方式的引入，极大减轻了“产出导向法”中高频次、多类型的产出活动给教师带来的繁重的评价负担（文秋芳，2020）。

“饮食文化”单元的总产出任务是使用德文编写一份中国菜肴的菜谱，并上传到德国烹饪网站。这样设计可以增强该交际场景的真实性，还可由德国热爱美食的网友点评学生撰写的菜谱，借此引入竞争机制。如果采用“师生合作评价”方式，需要任课教师在收到学生作业之后，挑选具有典型意义的作业进行批阅，并在课上邀请学生合作评价典型样本。在教师的引领下，学生边评边学，边学边评，打破“学”与“评”的界限，将评价作为学习的强化、深入阶段（Black and Wiliam, 2009）。

3 反思与建议

《中国传统文化德语传播教程》从筹备到出版历时将近两年，在教材编写的过程中，编者团队遇到了各种困难，也通过思考和学习获得了很多新的知识和启迪。为了获得适合本教材的教学理论的支撑，2021 年，笔者参加了文秋芳老师带领的教育部首批虚拟教研室建设试点项目（北京外国语大学“多语种教学改革虚拟教研室”）的“产出导向法”云教研团队活动，并获得了文秋芳老师的亲自指导。其间笔者对“产出导向法”有了更加深入的了解，同时越发感到“产出导向法”适合文化传播类的外语教材。首先，“产出导向法”扎根本土，融通中外，自成体系，克服了“学用分离”“文道分离”的弊端，构建出了适合中国学生的外语教学理论。其次，文化传播类外语教材目的明确，在学习外语的基础上，将使用外语传播某一特定文化类别或者文化产品作为教学目标，符合“始于产出，终于产出”的 POA 教学理念，强调“用”是“学”的目的，学用结合。最后，“产出导向法”强调“教师主导，师生共建”，这一理念有别于此前的“教师中心论”或“学生中心论”，更加适合中国的课堂教学实践，使教师能够更好地引导学生学习。

除此之外，“中国文化传播（德）”课程面向高年级德语本科生，这一阶段的学生已经完成了德语基础阶段的学习，掌握了所有的重要语法知识，因此，本教材可以将教学重心放在语法以外的语言训练上。这也符合“产出导向法”的设计初衷，即为具有一定外语语言基础的学习者而设计。

4 结语

“产出导向法”自 2007 年问世以来，几经修订，终于由萌芽逐步走向成熟。使用“产出导向法”编写《中国传统文化德语传播教程》，是德语中国文化传播类教材领域一次新的尝试。“产出导向法”作为外语教学方法本土化的最新成果，在英语教学领域得到了普遍承认，并且已经有使用 POA 理论编写的英语教材问世。本教材已于 2022 年底出版，教学效果有待课堂实践检验。此外，使用本教材的任课教师无需对 POA 理论有深入的认识，只需了解教材编写理念，并在此基础上灵活使用本教材内容，就可以达到良好的教学效果。期待有更多使用本教材的德语老师能够应用 POA 理论开展课堂教学，并跟踪反馈意见，也期待 POA 应用在更多的德语教材编写中。

参考文献：

邓海龙，2018.“产出导向法”与“任务型教学法”比较：理念、假设与流程［J］. 外语教学，39（3）：55-59.

黄浩平，张丹，2020. 国内产出导向法研究综述［J］. 高教论坛（6）：113-116.

季薇，桂靖，朱勇，2020. “产出导向法”教学中输入促成环节的设计与实施［J］. 语言教学与研究（3）：8.

教育部高等学校外国语言文学专业教学指导委员会，2020. 普通高等学校本科外国语言文学类专业教学指南（下）［M］. 北京：外语教学与研究出版社：34.

刘琛琛，冯亚静，2019. 基于“产出导向法”的“日语口译”课程教学实践［J］.外语教育研究前沿，2（4）：63-69，93.

文秋芳，2017.“产出导向法”的中国特色［J］. 现代外语，40（3）：348-358，438.

文秋芳，2018. “产出导向法”与对外汉语教学［J］. 世界汉语教学（3）：387-400.

文秋芳，2020. 产出导向法：中国外语教育理论创新探索［M］. 北京：外语教学与研究出版社.

姚伟钧，2016. 中国饮食文化传播与“走出去”的路径［J］. 文化发展论丛（1）：49-65.

詹霞，2019. 基于“产出导向法”的德语教材改编：促成活动过程化设计［J］.外语与外语教学，304（1）：33-42，145.

中共中央办公厅和国务院办公厅，2017. 关于实施中华优秀传统文化传承发展工程的意见［EB/OL］.［2022-08-25］. https://www.gov.cn/zhengce/2017-01/25/content_5163472.htm.

BARLÖSIUS E, 1999. Soziologie des Essens: Eine sozial-und kulturwissenschaftliche Einführung in die Ernährungsforschung［M］. Weinheim: Juventa.

BLACK P, WILIAM D, 2009. Developing the theory of formative assessment［J］. Educational Assessment Evaluation & Accountability, 21(1): 5-31.

METHFESSEL B, 2006. Esskultur-ein verkannter Bildungsauftrag: Editorial［J］. Haushalt & Bildung, 83(4): 2.

UNESCO, 1982. Mexico City Declaration on Cultural Policies: World Conference on Cultural Policies［R/OL］.［2022-08-25］. https://unesdoc.unesco.org/ark:/48223/pf0000052505.

新时代背景下日语专业基础课程线上线下混合式教学模式探索

刘雅静①

摘　要：本文结合新时代背景下《普通高等学校本科专业类教学质量国家标准》《普通高等学校本科外国语言文学类专业教学指南》对外语专业教育教学改革提出的新要求，针对我校外语学院日语专业基础课程目前存在的教学内容不均衡、教学方法相对单一、考核评价方式单一、难以实现分层教学等问题，在分析学科培养目标和学生情况的基础上，提出外语学院日语专业基础课程线上线下混合式教学改革思路。从优化教学内容、改进教学方式、转变评价方式等方面对该课程进行教学改革的初步探索，旨在通过优化教学模式来提升课程的教学质量。

关键词：线上线下；混合式教学；基础日语课程；教学模式探索

0　引言

近年来，我国高等教育进入全面提高人才培养能力的新阶段。在新的时代背景下，教育部相继于 2018 年、2020 年、2021 年分别发布了《普通高等学校本科专业类教学质量国家标准（外国语言文学类）》（以下简称《国标》）、《普通高等学校本科外国语言文学类专业教学指南》（以下简称《指南》）和《新文科研究与改革实践项目指南》。一系列高等教育教学质量国家标准和科研教改指南的颁布，对外语专业的教育教学改革提出了新任务、新目标和新要求。

与此同时，近年来持续不断的新冠肺炎疫情冲击以及现代科学技术的飞

---

① 刘雅静，对外经济贸易大学外语学院副教授，研究方向为日语语言学、汉日对比语言学。本论文为 2020 年北京高等教育本科教学改革创新项目“基于《国标》与《指南》指导下的日语专业基础阶段教学改革与创新”（项目编号：2020-BJ-JG20685；项目主持人：李运博）、2022 年对外经济贸易大学外语学院院级金课建设项目“新时代背景下日语专业基础课程线上线下混合式教学改革与创新”（项目主持人：刘雅静）的阶段性成果。

速发展也给中国教育带来了全新的挑战和发展机遇。传统教学模式的不足在时代的变迁中日益凸显，具体表现在：纯线下授课的传统教学模式难以满足师生不能到校学习的教学需求；重知识传授、轻能力培养的传统教学模式难以全面助力新时代背景下的培养目标；以教师讲授为主、学生被动接受的传统教学模式难以适应新时代学生的发展需求。在“互联网＋”时代，学生获取信息和知识的渠道呈现多元化态势，以教师单方面讲授为主的传统教学模式难以与顺应新时代发展要求的培养目标相契合。教师该“如何教”，学生该“如何学”的问题已成为广大教师势必要面对和亟待解决的课题。本文以笔者所教授的基础日语课程为例，在基于学情分析和授课实践经验的基础上，探索针对日语专业基础课程实施线上线下混合式教学的改革途径。

1 实施教学模式改革的必要性

教学模式是在一定教学思想或教学理论指导下建立起来的较为稳定的教学活动结构框架和活动程序，不仅反映教学设计者与实施者对待“学”与“教”的态度，还直接影响学习者的学习成效（王文静，2012：18）。笔者反思自身多年从事基础日语课程教学的过程，并参考对笔者所在学校日语专业本科生及日语系同事进行问卷调查或访谈而得到的信息反馈，深切地感受到我们的基础日语课程教学团队尽管在多年的教学实践中积累了丰富的教学经验，取得了较好的教学成效，但传统的教学理念和教学模式在教学过程中仍占据主导地位。在新时代背景下，我们的基础日语课程教学面临着以下问题和挑战。

首先，在传统的教学模式下存在教学内容不均衡的问题。作为日语专业本科生的专业必修课，基础日语课程是面向日语专业本科一、二年级开设的专业课程。基础日语课从零起点教学，重点讲授日语语言相关知识。我们知道，习得一门外语需要实现语言知识的输入和语言运用的输出。在传统教学模式下，以教师讲授为主的授课方式可以很好地将课本知识传授给学生，达到学生对语言知识有效输入的目的。但因教学任务重、课堂时间有限等原因，往往很难安排足够的时间让学生运用外语进行足够的输出训练。如何在有限的课时内平衡不同教学活动的安排成为了授课教师经常要面对的问题之一。

其次，在传统的教学模式下存在教学方法单一的问题。传统的教学模式以教师为中心，教师通过系统地讲授，把书本知识传递给学生。大多数学生往往容易处于被动学习状态，缺乏独立思考和自主学习能力。尽管我们在日常教学中会适时安排主题发表、会话展示等活动环节来锻炼学生的语言运用能力，但因教学任务重、教学内容繁杂、课时有限、班级人数多等诸多原因，在基础日语课上依然很难安排形式多样的课堂活动来激发学生的学习兴趣。

再次，在传统的教学模式下存在考核评价方式单一的问题。与其他基于传统教学理念进行教学评价的课堂一样，目前基础日语课的考核评价体系主要由期中、期末考试成绩，平时测验、作业及课堂表现，上课出勤率三部分组成。尽管我们已经在为实现评价方式多元化的目标而努力，但在目前的评价机制下，期中、期末两次阶段性终结考核的考试成绩所占比重依旧较大，学生日常的努力难以在考核评价中被认定。在每一届学生中几乎都能听到这样的倾诉："我平时很努力地在学习，但考试成绩就是上不去。我是不是不适合学日语？"面对学生们的这些苦恼和我们在日常教学过程中观察到的这些学生的努力和进步，笔者深切地感受到我们现有的评价方式没有很好地赋能于学生，不能有效及时地在学习过程中激发学生的学习动力、激励学生养成自主学习的能力和钻研探索的精神，不利于培养目标的达成。

最后，在传统的教学模式下存在难以实现分层教学的问题。这也是一个老生常谈且在教学过程中普遍存在的问题。因每个学生的学习基础、学习态度、学习习惯、学习能力等都或多或少存在差异，所以每届学生、每个班级基本上都会存在部分对课堂知识"吃不饱"的学生，同时也有"吃不消"的学生。在传统教学模式下，我们一般以绝大部分学生的接受水平为标准安排教学进度和深度，难以顾全所有学生的个性化需求，不易实现因材施教。

一直以来，在基础日语的课堂上，为了有效达成培养目标，我们在传统教学模式的基础上不断尝试加入新的教学环节，尽可能关注每一位学生的特点和需求，来为学生设计教学，优化教学过程，但教学模式的固化依然是影响"以学生发展为中心""以学定教"教学理念具体落实的障碍。教育部高等教育司前司长吴岩（2018：5）指出，课程是体现"以学生发展为中心"理念的"最后一公里"。以学生发展为中心，是世界高等教育共同的理念，课程是解决这个理念落地的"最后一公里"。为了进一步提高基础日语课程的教育教学质量，我们认为有必要对该课程进行教学改革，运用现代教育技术和更为有效的教学理念，探求更为科学的教学模式，以期更有效地达成教学目标，提高教学效率。

2 基础日语课程教学模式改革的整体思路、目标及内容

2.1 基础日语课程教学模式改革思路

基础日语课程教学模式改革以《国标》和《指南》为指导，进行线上线下混合式教学改革与创新。国内最早正式倡导混合式教学模式的是北京师范

大学的何克抗教授。何教授认为，混合式教学模式把传统教学方式的优势和网络化教学的优势结合起来，既发挥教师引导、启发、监控教学过程的主导作用，又充分体现学生作为学习过程主体的主动性、积极性与创造性（何克抗，2004：1）。近年来，随着 MOOC 的兴起，混合式教学模式又有了新的内涵。翻转课堂作为加强 MOOC 学习效果的有力手段，将线上学习与线下讨论相结合，即学生先在网上学习教师预先录制与制定的视频资料，获得初步知识，再在课堂上与老师就不懂的问题或有疑惑的问题进行研讨学习，旨在最大限度地提高学生的学习效果（王金旭、朱正伟、李茂国，2018：8）。

基于线上线下混合式教学模式的基本理念，我们在基础日语课程教学模式改革的设计中，以实现课程目标为中心，重视知识传授、能力培养、素质培育相融合；在教学过程中，坚持“以学生发展为中心、以教学效果产出为导向”的教学理念，重视课程内容的合理安排，注重提升课程的高阶性，强化课程的实践性；在教学评价中，从学生知识学习成效、综合能力提升、科学素养养成三方面对标教学要求，持续改进，不断探索。课程教改的整体思路如图 1 所示。

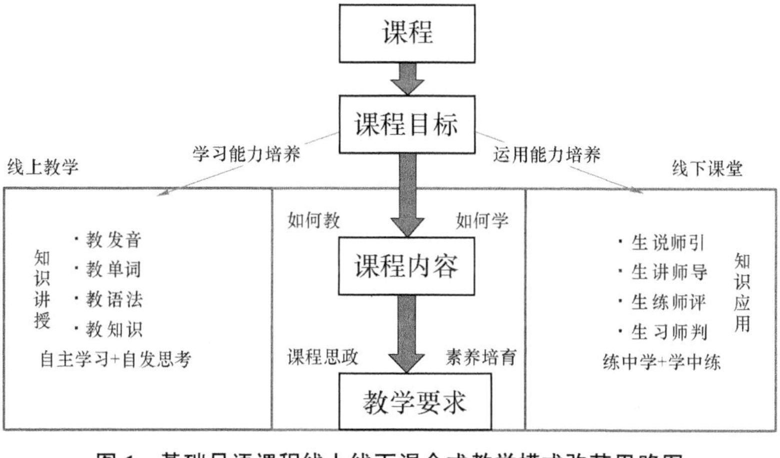

图 1　基础日语课程线上线下混合式教学模式改革思路图

2.2　基础日语课程教学模式改革目标

基础日语课程线上线下混合式教学模式改革面向日语专业二年级第一学期的基础日语课程进行试点。该课程建设的总体目标如下：

（1）知识目标：掌握中级日语相关语言文化知识、日本国情相关知识，熟悉中国语言文化知识，形成跨学科知识结构。

（2）能力目标：具备日语运用能力、跨文化交际能力、思辨能力、研究能力、信息技术应用能力。

（3）素质目标：锻炼学生的团队合作能力、交流表达能力、自主获取新知识的学习能力，以及培养踏实勤奋、刻苦钻研的学习作风和科学素养。

2.3 基础日语课程教学模式改革内容

为了达成本课程的教学目标，我们具体从以下三方面进行教学模式的改革与探索：

（i）优化教学内容

教材是教学的主要依据，是教学大纲的具体化。作为优化基础日语课程教学内容的一环，我们首先依据培养目标的要求重新选定了使用教材。日语一、二年级基础课程新选用的教材为《综合日语》第 1 册～第 4 册，该教材为“十二五”普通高等教育本科国家级规划教材，教材编写关注语言的功能和意义、语言使用的真实性、文化因素以及中国人的学习特点，重视学习过程和日语学科的专业性，能较好地支撑知识目标的达成。教材注重实用性，学习素材丰富，有助于各类线上线下教学活动的开展，为能力目标的达成提供了可操作的空间。

在教学内容的安排上，我们采用线上线下混合式教学模式授课，可以更合理地安排课堂教学活动。经过一年的专业学习，二年级学生基本上已经打好了扎实的日语学习基础，且具备了一定的自学能力。学生可以利用教师在线上提供的多媒体教学辅导资料自主完成单词学习、掌握基础语法点、预习课文等内容，并在课前完成预习测验。将课前预习和预习测验作为硬性指标纳入教学环节，一方面可以帮助学生养成良好的学习习惯，另一方面通过对课前预习测验结果的分析，也可以为教师了解学生的预习成效、精准把握线下教学的难重点提供参考依据。线上学习环节有利于提高学生自主获取新知识的学习能力及网络信息技术应用能力，学生通过对课本知识的提前自主学习，为线下教学节省出部分课时，有利于教师根据教学目标和学生需求，安排更多的诸如个人展示、小组讨论、情景会话、影视配音、绘本翻译等活动，在激发学生学习兴趣的同时，还可以提高学生的日语运用能力、交流表达能力和团队合作能力，解决传统教学模式下学生语言运用能力不足的问题，助力学生实现语言知识输入和语言运用输出的协调发展。此外，通过为学生提供可选择性学习的多媒体课件、语法练习题库、听力练习题库、能力考试题库等开放性线上学习资源，可以为学生的课下自主学习提供丰富的有针对性的学习素材，有助于引导在课堂上“吃不饱”的同学按照自己的学习节奏不断前行。

教师在课堂教学中还应以学生关注的现实问题为切入点，挖掘课程中的思政元素，鼓励学生个人或小组结合课程内容做拓展性学习或研究，引导学生深入思考社会问题。在培养学生家国情怀、开拓国际视野的同时，还可以培养其独立思考和辩证思维的能力。

（ii）改进教学方式

传统教学是以书本为载体，以教师为中心，以教师讲授和学生听讲与练习为主要活动方式的一种教学模式。在传统教学模式下，教师负责教，学生负责学，重“教”轻“学”的教学活动形式单一，大多数学生易处于被动学习的状态，不利于多维度提升学生的综合素质。与以往的传统教学模式不同，线上线下混合式教学注重将线上学习和课堂教学相互结合与补充。通过在课堂上设置各类互动环节，让学生发挥作为学习主体的作用，鼓励学生多说多讲、多练多习。教师则作为教学主导者，发挥引导和评判的作用，引领学生在“练中学”，在“学中练”。通过强化学生在课堂上的学习主体性，解决传统教学模式下学生被动学习的问题，培养学生自主学习、独立思考的习惯和能力。

教学方式的改进除了体现在线上线下相结合、强化师生互动外，还体现在促进“生生互助”上。我们利用网络平台在线上开展课前、课后在线讨论，学生和教师共同参与，通过发帖和回帖的方式及时帮助学生解决在学习中遇到的问题，倡导学生之间的“生生互助”。“生生互助”活动环节设置的理论依据是“学习金字塔”理论，该理论最早由美国学者埃德加·戴尔于 1946 年提出。“学习金字塔”理论用数字形式形象显示了采用不同的学习方式，学习者在两周以后还能记住内容（平均学习保持率）的多少（姜艳玲、徐彤，2014：133）。学习效果在 50%以上的，都是团队学习、主动学习和参与式学习，其中“教别人”或者“马上应用”可以记住 90%的学习内容。为此，我们以在线讨论的形式鼓励学生积极互动：在学习中遇到困难的学生积极向其他同学或老师寻求帮助、解决问题，学习能力强的同学在帮助其他同学解决问题的同时，也是对自身学习的一种巩固；学生之间还可以利用发帖的方式交流学习方法、交换不同意见，实现信息共享、互帮互助。在线下课堂上，我们组织团队合作式小组活动，通过安排小组情景会话、小组主题调查汇报、小组文本翻译实践等活动，使学生们在多样的线上线下小组活动中相互学习、相互借鉴、互帮互助、共同进步。我们的目标是在讲授式、讨论式和合作式相结合的学习方式下，在不断强化师生互动、生生互助的过程中，使每一位学生都能不断进步、相互影响、相互带动，培养学生团结友爱、乐于助人的良好品质。

（iii）转变评价方式

传统的考核评价体系注重期中、期末考试等终结性评价。我们虽然在课堂上会对学生在日常学习过程中的学习表现及付出程度等给予及时的肯定或提醒，但较少将它们体现在学期末的综合成绩中。因此，一些学生会有“平时努力了，但成绩却不好”的困惑，这不利于提高学生的学习积极性，也不利于激发学生的学习动力。为此，我们采用过程性评价、表现性评价、终结性评价等多元一体的评价方式，对学生在日常学习过程中的表现也予以重视和评价。具体的考核评价内容由线上和线下两部分组成。线上考核主要包括课前预习小测、单元小测等，以客观题为主，同时还将线上学习、在线讨论、阅读打卡等活动也列入考核内容。

线下考核以反映学生单词记忆、语法知识活用、翻译与写作能力的主观题及考察语言表达能力的口语会话等方式为主。通过转变评价方式，解决对学生学习过程评价不足的问题，加强不同学习阶段的线上线下测评，实行对个人和团队学习过程的考核，提高学生的学习自觉性，培养学生互帮互助的团队合作精神。

3 线上线下混合式教学模式在基础日语课程中的应用及预期成果

基础日语课程教学模式改革的设计秉承“以学生发展为中心、以教学效果产出为导向”的教学理念，线上线下异步进行。

（i）线上课前准备

线上资源是开展混合式教学的前提，日语专业基础课程所选教材《综合日语》设有公众号，该公众号提供与各册教材内容相配套的多媒体资源，包括单词音频、课文音频、语法视频讲解、课文讲解、听力答案等。我们将这些优质的多媒体资源提供给学生，作为他们线上自主学习使用的教学资料，同时上传根据需要自行录制的语法拓展讲解视频、教学课件、课前预习检测试卷、单元检测试卷。引导学生在课前登录网络教学平台，利用规定的线上学习时间或自主安排时间在线观看 PPT 课件和音视频来完成预习，并完成老师设置的线上课前测试、课堂讨论问题的准备、相关主题资料检索等任务，为高效并有针对性地开展课堂活动做准备。

（ii）线下课堂活动

在线下课堂的理论教学环节，我们会根据每课的教学难点和重点、学生在课前测试中所反映出来的共性问题，以及学生在课前预习中未能解决的非典型问题等，采用讲授法、分组讨论法等多种教学方法进行答疑解惑，深化学生对新知识的理解，不断提高教学效果。在线下课堂的实践教学环节，我们采用练习法，通过让学生完成课后习题，加深学生在句法层面上对所学知识点的理解；采用情景教学法，让学生在小组会话活动中运用所学新知识点进行表达训练，在巩固理解知识点的同时，培养学生的语言运用能力；采用任务驱动法，组织学生结合课文内容决定课堂发表主题或自由选题，通过资料检索、主线设计、PPT 制作或微视频成果展示等环节完成汇报任务。通过开展形式多样的课堂活动，在帮助学生巩固所学知识的同时，提高学生的学习兴趣和学习积极性。

（iii）线上课后提升

为满足学生的不同学习诉求，我们通过建设线上学习资源库，为学生提供推荐书目、慕课资源、语法思维导图、日语能力考试资料、影视剧资源、课外题库等辅学资料，将这些作为对课堂教材内容的补充，供学生自主选择使用。利用学习平台的线上交流功能，为教师和学生、学生和学生之间的课后交流搭建平台，通过探讨式交流解决课上的遗留问题，实现班级全员信息共享，培养学生互帮互助的团结合作精神。

线上线下混合式教学模式对提升日语专业基础课程的教学效果有着极大的促进作用，本课程教改探索的成果如下：

（i）教学理念和教改方案的提出及撰写

本教改探索着眼于新时代背景下对日语专业建设的要求，贯彻以学生发展为中心的教育理念，创新教学内容和教学手段，重视现代信息技术在日语教育教学中的运用，努力营造课内课外、线上线下的教学环境，提出符合新时代要求的日语专业基础课程教学改革模式。教改探索以试点为先导，在教学实践中不断探索和发展，撰写日语专业基础课程线上线下混合式教改研究报告，不断完善日语专业基础课程线上线下混合式教学改革方案，为今后推动日语专业其他年级的专业课程教改作出示范。

（ii）教学评价模式的构建

本教改探索结合日语专业基础课程教学目标的设定，围绕教学内容、教学方式、教学成效开展并完善教学评价体系的建设。教学评价以检验和提升学生学习成效为目的，建立学生、教师共同参与的评价体系，注重过程性评价、表现性评价与终结性评价相结合，合理使用评价结果，不断调整和改进教学模式。

（iii）教学资源数据库的建设及完善

通过整合并制作多媒体教学资源，包括教学课件、习题库、试题库、文字类辅导资料、音视频辅导资料等线上教学资源，不断充实线上教学资源库的建设；通过采集、对比、分析学生线上学习数据，为教学科研提供数据支撑。

4 结语

在《国标》和《指南》的指导下，我们坚持“以学生发展为中心、以教学效果产出为导向”的教学理念，对日语专业基础课程的教学模式进行了改革尝试，旨在通过优化教学模式来提升课程的教学质量。具体从优化教学内容、改进教学方式、转变评价方式三方面入手，实现从传统教学模式向线上线下混合式教学模式的转变。通过提出一套相对完整的教学理念和易于落地实操的教改方案、构建有利于激发学生主体性的教学评价模式、建设有利于解决分层教学难问题的线上教学资源数据库，为今后不断深化教育教学改革奠定基础。

本课程教改探索的意义在于，坚持以学生为主体，强化对学生自主学习能力、专业知识应用能力及团队合作精神的培养，充分利用现代化信息技术，构建符合新时代要求的线下课堂教学与线上网络教学相结合的混合式教学模式；强化课程建设的评估与管理，以课程建设为核心，全面提高课程质量与水平，为日后力争打造一流本科课程及线上线下混合式金课奠定基础。今后，日语专业基础课程教学团队将在教学实践中不断完善培养方案及教学模式，为不断提高本科人才培养质量而努力。

参考文献：

何克抗，2004. 从 Blending Learning 看教育技术理论的新发展（上）[J]. 电化教育研究（3）: 1-6.

姜艳玲，徐彤，2014. 学习成效金字塔理论在翻转课堂中的应用与实践[J]. 中国电化教育（7）: 133-138.

教育部办公厅，2021. 新文科研究与改革实践项目指南[S/OL]. [2023-05-23]. http://www.moe.gov.cn/srcsite/A08/moe_741/202103/t20210317_520232.html.

教育部高等学校教学指导委员会，2018. 普通高等学校本科专业类教学质量国家标准（上）[M]. 北京：高等教育出版社.

教育部高等学校外国语言文学类专业教学指导委员会，俄语专业教学指导分委员会，德语专业教学指导分委员会，等，2020. 普通高等学校本科外国语言文学类专业教学指南（下）[M]. 北京：外语教学与研究出版社.

王金旭，朱正伟，李茂国，2018. 混合式教学模式：内涵、意义与实施要求 [J]. 高等建筑教育，27（4）: 7-12.

王文静，2012. 中国教学模式改革的实践探索："学为导向"综合型课堂教学模式 [J] 北京师范大学学报（社会科学版）（1）: 18-24.

吴岩，2018. 建设中国"金课"[J]. 中国大学教学（12）：4-9.

新时代经贸西班牙语课程改革实践与发展前景探析

许维力[①]

摘　要：对外经济贸易大学在西班牙语加经贸的复合型人才培养方面起步较早，课程体系发展成熟。为适应新形势的需要，通过革新传统教学手段和丰富教学内容，取得了良好的教学效果。但面对复杂多变的国际政治经济背景以及技术革新带来的挑战和机遇，仍需不断思考和探索面向未来的教学理念。

关键词：经贸西班牙语；课程改革

1　经贸西班牙语课程传统教学模式

1.1　课程体系设置

本校西班牙语专业秉持着“西班牙语＋经贸专业”的复合型人才培养理念，在综合评估就业市场对经贸西班牙语人才的诉求和本校师资背景及学科专长的基础上，逐渐摸索出了一套具有鲜明特色的经贸西班牙语专业人才培养模式，主要专业课程设计如下：

经贸谈判：主要培养学生的口语表达能力。与其他口语类课程不同的是，经贸谈判课程专门适用于学生参与商务谈判的场景，学生需要学习和模仿该场景中的专门表达，提高自主表达能力，并掌握一些通用的商务礼仪。

经贸应用文：主要教授有关国际贸易实务的基础知识和书面表达。书面表达能力的培养专于经贸领域，分为商务信函写作、国际销售合同拟定和国际招投标文书拟定的基本范式和规范表达。

经贸文章选读：培养学生对于经贸类专业文章和专著的阅读和理解能力，扩充学生专业词汇储备并提高学生应用专业词汇的能力，同时加强学生对于西语国家经贸现状的了解和对经贸领域基础知识的掌握。

---

① 许维力，对外经济贸易大学西班牙语系讲师，主要研究方向为西语国家经济研究。

1.2 现有教学体系的优势

我校西班牙语专业在跨学科人才培养的理念方面领先全国，是首先提出“外语加经贸”复合型人才培养指导方针并落实到课程设计中的，为经贸西班牙语人才设计了具有高度实用性的能力矩阵，注重提升学生的综合素质，对学生各种可能的就业去向都有所兼顾。一方面发挥了学校作为财经类院校的特长，充分利用了学校优势专业的资源；另一方面，着眼于市场的实际需求，注重教学内容的专业性和时效性，在中国与拉美国家不断拓展和深化经贸关系的过程中，培养了许多一毕业即能学以致用的人才。

1.3 传统教学方式的不足

作为承担西班牙语经贸文章选读、西班牙语经贸应用文两门课程的教师，在最初开展教学时，采用传统教学模式，使用固定的教材，定期更新教材。教学环节主要为：课前预习生词和课文，课上通过问答、翻译、专有名词和专业知识阐释、课文复述和评论等各种互动练习完成教学，课后完成每一讲的配套练习并根据需要补充相关专题的阅读材料。

然而，历经数年的教学实践，笔者也逐渐意识到传统教学方式的不足：

首先，在经贸西语类课程的教学中，会涉及大量专业知识，而这也是此类课程中除语言本身之外的另一大教学难点。相关知识储备足、语言基础好的学生明显磨合期更短、进步更加迅速、课程完成后的发展潜力更强。专业知识储备和语言水平作为两大支柱，任何一方面的缺位都会增加学习难度和学生的畏难情绪。零起点外语学生因需花费大量时间和精力提升语言水平，经贸专业知识的积累主要依靠自觉，导致这方面的水平较为参差。即便在已有一定储备的学生中，也存在知识系统性不足的问题，借助对于某些知识点的碎片化掌握，或许可以完成基本的翻译，但对于文献字面含义之下深层次的逻辑，则无法理解并完成内化。

其次，在传统教学方式下，知识的获取以教师主动传授给学生的方式完成，学生的主体性和参与度不足，教学效果会在很大程度上受到学生个体自律程度的影响，“他律”能够起到的积极作用有限。随着新冠疫情的暴发，这一问题被进一步放大。在因疫情而开展的线上教学中，每个课堂互动环节的效果都受到了不同程度的影响，传统的教学效果检验方式也受到了挑战。针对远程线上教学调整教学思路具有重要意义。

最后，学生在完成课程学习后，是否具备了应用相关知识解决问题的能力，以及是否具备了迁移学习的能力，用以研究西语国家以外的问题，这方面的考核和检验尚有不足。

2 经贸西班牙语课程改革探索与成效

为了解决西班牙语经贸课程传统教学模式中的不足，笔者在教学实践中探索了一系列有针对性的变革，也取得了一定的成效。

2.1 解决知识储备的硬伤

其一，充分利用学校现有的教学资源，为每一门经贸西语课程选择中文类的先修课程。如："西班牙语经贸应用文"的先修课程为"国际贸易实务"，"西班牙语经贸文章选读"的先修课程为"经济学原理（微观和宏观）"、"国际金融"和"货币银行学"。

要求学生在进入高年级专业课程学习之前，根据自己的实际情况安排好上述课程的系统性学习。学有余力的，可以选择申请相关专业的双学位或者辅修，时间和精力稍欠的，可以选择旁听相关课程或者利用慕课等线上资源自学。

在这一具有半强制性的倡议之下，目前本专业的高年级学生均完成了相关中文课程的学习，半数选择了经贸类专业的双学位或辅修，剩余的也通过自己的方式完成了自学。学习能力较强的学生甚至跨专业报考金融等相关专业的硕士。

通过中文类先修课程的学习，可以搭建起系统性的知识框架。但因为仍停留于书本知识的层面，结合现实分析问题的训练不够，所以知识点的遗忘率仍比较高。

其二，作为补充手段，在西语经贸课程的学习过程中，每一讲的课前或课后，教师会补充相关专题的学习资料。这类资料除传统的文字形式以外，也包括更具有传播吸引力的视频资料，选材尽量兼顾趣味性和专业性，如《香港金融保卫战》（来自哔哩哔哩"巫师财经"）、《普列维什与中心外围论》（来自哔哩哔哩"soyNixon"）等等。这些较为浅显的科普类视频主要起抛砖引玉的作用，引导学生回顾专业知识体系中的相关内容，从而为西语课程中相关专题的学习做好铺垫。

2.2 提高学生在教学环节中的主体性和参与度

其一，之前的专业词汇学习主要通过教师提问和翻译等方式完成梳理，今年以"重要的国际组织"为题，学生们先自行查阅并整理各个重要国际组织的中西文全称和外文缩写，率先完成的同学将文档分享至微信群，其他同学根据自己的整理，以接龙的方式完成查漏补缺，并留存最终版以供今后学习参考。鉴于效果良好，今后考虑将这一方法推广至其他专业术语的分类梳理。

其二，课文内容中涉及的相关专业知识之前主要由教师讲解，现在将这一环节安排到学生的课前准备中，在课堂上尽量由学生完成相关专业知识点的阐释，并可由多位学生互相纠正和补充。这样的尝试目前仍在磨合中，在大部分情况下，教师最终作一些补充解释仍必不可少。但本着由“教师传授知识”转变为“学生探索知识”的理念，今后将进一步尝试翻转课堂并加以深入。

2.3 提高学生运用专业知识解决实际问题的能力和迁移学习的能力

其一，鉴于课堂教学使用的是固定教材，即便定期更新，数据和某些趋势的时效性不可避免地会落后于现实，而分析相关问题使用的理论框架、指标体系及相关表达则在较长的一段时间内是稳定的。综合考虑以上因素，要求学生在学习有关中拉货物贸易、拉美地区海外直接投资等专题时，除掌握课文的分析框架和规范表达外，课外还需查阅相关指标的最新数据，将课文专题在时效方面更新后再复述。在这一训练中，学生使用各类数据库的能力也得到了提升。

其二，创建拉美经贸研究文献库。拉美经委会（CEPAL）作为联合国下属的专司研究拉美地区经贸问题的重要机构，每年都会发布该地区的各研究报告的西班牙语版。这些报告是拉美研究领域的重要素材。目前，本专业大四学生以小组作业的方式，完成了部分专题最近三年的报告概述的西译汉工作，涉及拉美地区宏观经济基本面、对外贸易、直接投资等重要议题。学生在参与小组讨论和完成作业的过程中，一方面提升了阅读专业文献的能力，另一方面拓展并加深了对对象国经贸现状的了解，更重要的是学习了分析相关专业问题的理论框架，今后可以将这一框架迁移至非对象国的研究中去。我们以后会随拉美经委会的发布进度更新该研究资料库。

其三，教材内容涉及的经贸知识较为基础，在提升语言水平的同时，也注重培养学生深度思考能力和科研能力。例如，在“汇率的基础知识”这一讲后，留下一个知识拓展类的课后作业，即用西班牙语撰写《布雷顿森林体系的形成和瓦解》的小论文。通过对这一议题的学习和研究，不仅可以了解汇率制度变迁的来龙去脉，也为今后深入探索 SDR、美元霸权、人民币国际化等相关问题做了铺垫，且这类学习和研究的方法论是跨学科的、可迁移的。今后会进一步延续和拓展这类基础性议题的研究和写作。

在目前实施的经贸西班牙语课程改革探索中，总体思想是从“要求学生自律”转变为“引导学生自驱”，因为只有结合了自己利益和兴趣的自驱力才能成为终生学习、终生成长的持续动力。教师需要做的，是为学生搭好框架、铺好台阶，引导学生自己完成知识填充和内化。

作为一名长期从事经贸类西班牙语课程一线教学的工作者，除了在微观层面提高课程本身的教学质量和成效，也务必时时关注宏大且复杂多变的时局背景，因为这将在人才培养方向和教学手段等方面产生深远的影响。

3 新的时代背景对经贸西班牙语人才培养提出的挑战

3.1 复杂的国内外政治经济形势带来的挑战

西班牙语及其他一些小语种专业的升温是自中国 2001 年加入世界贸易组织开始的。随着中国融入全球经济格局，中国与西语国家的经贸关系也不断深化，对西班牙语专业人才，尤其是外语加经贸复合专业人才的需求也不断上升。截至 2023 年，全国开设西班牙语专业的高校已逾百所。

自 2008 年金融海啸以来，多国采取贸易保护措施，世界进入逆全球化时代。随着由美国单方面挑起的中美贸易摩擦的加剧，逆全球化的进程也不断加速。2019 年底暴发的新冠肺炎疫情以及各国应对疫情的举措又对逆全球化的进展起了推波助澜的作用，供应链出现问题，能源、粮食危机频发，物资战此起彼伏。后疫情时代，在全球价值链调整的过程中，我国能否占据有利位置取决于产业升级转型能否成功。实现“外循环”道阻且长，人口问题又成为实现“内循环”的不利因素。

人们直观感受到的小语种专业就业遇冷，一则因为全球滞涨带来的整体经济需求不足，二则因为人才培养数量（即供应）针对市场需求调整的滞后性。但除此之外也值得思考：高校小语种专业在逆全球化背景下是否已成为“屠龙术”？

3.2 技术变革带来挑战

随着人工智能技术的发展，机器翻译对语言信息的处理能力日臻成熟。仅就西班牙语而言，非文学类内容的机器翻译水平，从准确性上来说，目前已超过了许多学习年限较短的学生。人类学习语言需要长时间的练习与纠错，而机器学习的速度明显更快。面对这样的挑战，应用外语的教学目标必须拓展和提高，不能再仅仅停留于完成翻译的层次上。

4 有关新挑战的思考与应对

4.1 市场对经贸西班牙语人才的需求

在逆全球化的世界政治经济背景和人工智能迭代的技术背景下，经贸西班牙语专业是否成为“屠龙术”了？

一方面，当前世界局势波诡云谲，我国在经历了20年的经济稳定上升期之后也走到了产业转型的岔路口，无疑给普通人择业带来压力。但可以预见的是，随着产业升级成功，坚持扩大改革开放以占据国际分工中的有利位置从而实现“外循环”，会带来经贸类外语人才的需求。

另一方面，即便机器翻译的技能超过人类译者，但在涉及商业机密和信息安全的领域仍无法取代人类译员，人工智能也无法解决国家层面的数据外泄顾虑。

此外，经贸西班牙语专业的人才培养目标也应远远超过译者的层面，即造就具备独立分析能力和深度思考能力的人才。具备这样综合素质的交叉学科背景人才无论是在内容创作还是政策研究领域，都大有可为。

从更高的层面来说，虽然我们已经生活在一个具有ChatGPT这样的强人工智能产品的时代，但机器能实现的只有马克思·韦伯所说的工具理性，有能力探索并实现价值理性、完成价值理性和工具理性统一的也只有人类。

4.2 教学理念的转变

面对任何问题，回避和倒退都不可取，用发展去解决问题才是正道。技术发展带来的不仅仅是挑战，用好技术工具可以更好地实现因材施教的目标。通过软件提供的交互式游戏为学生纠正不标准的发音，这是在英语教学领域已经实现的技术。可以预见，将人工智能技术应用于教学场景，可以通过算法为每一个学生提供更加个性化、更有针对性的练习方案，教师的主要职能则逐渐演变为算法设计师。这当然也为每一个教学工作者提出了更高的要求，需要不断学习掌握新的技术、更新知识系统。

参考文献：

程广云，2023. ChatGPT与新文科建设[J]. 新文科教育研究（2）：17-30.

韩亚非，秦琳，蒋凯，2021. 变局与破局：新形势下高等教育国际化的挑战与应对[J]. 大学与学科（2）：80-90.

胡鞍钢，王蔚，2017. 从“逆全球化”到“新全球化”：中国角色与世界作用[J]. 学术界（3）：5-17.

黄仁伟，2017. 从全球化、逆全球化到有选择的全球化[J]. 探索与争鸣（3）：40-42.

刘季陶，2023. 数字化背景下信息技术和大学外语教学的深度融合[J]. 电子元器件与信息技术（7）：243-246.

马陆亭，张伟，鞠光宇，等，2020. “逆全球化”挑战下的高等教育变革[J]. 复旦教育论坛（8）：5-9.

钱佳蓥，蔡媛媛，金怡瑶，等，2023. 新文科背景下高校外语专业学生复合型技能的意识、现状和对策研究[J]. 语言与文化研究，27：90-93.

王洪才，2023. 对 ChatGPT 的高等教育哲学审视[J]. 重庆高教研究（6）：3-13.

夏琪，薛妙婷，薛翔钟，等，2023. 从国际视野透视如何将 ChatGPT 有效纳入教育：基于对 72 篇文献的系统综述[J]. 现代教育技术（6）：26-33.

杨琦蕙，2021. 全球化新形势下中国高等教育发展之思[J]. 教育理论与实践，41：8-12.

中国的日语学习者难以掌握的日语声调和韵律

——以否定形「ない」与过去形「かった」为例

寺田昌代[①]（原作） 王珈怡[②]（译） 赵力伟[③]（审校）

摘　要：对于中国的日语学习者来说，日语的声调是日语学习中的一大难点。近年来，虽然中国的日语教育越来越重视语音教学，但由于中文和日语在声调上的差异，导致中国学习者中普遍存在共通的发音误区，最典型的是否定形「ない」与过去形「かった」以及「るんです」等。笔者教授的大一下学期日语会话课上，确实存在以上这些共通的发音误区，不过通过教师的提醒，大部分学生可以凭借自己的能力纠正这些发音误区。因此，在学习者记住正确的发音之前，教师需要做的就是通过反复提醒让他们意识到自己的错误并及时加以改正。

关键词：日语语音教学；日语声调；日语韵律；发音误区；自我纠错

0　引言

随着人们对沟通能力的日益重视，中国日语教育中的语音教育也进入了常态化时代。过去常说的“哑巴日语”，即虽然有阅读理解能力，但缺乏会话能力的问题正逐步得到解决。然而事实上，能够得到老师悉心指导的仅限于个别参加比赛等活动的学生，而大多数学习者所能得到的发音指导时间则非常有限。

笔者认为即使无法投入过多时间在语音教学上，也可以通过掌握“众多学习者共通的发音误区”来提高全体学习者的发音能力。此外，只要抓住关键问题，不光是以日语为母语的外籍教师，中国教师也能更轻松地指导发音。

---

① 寺田昌代，对外经济贸易大学外语学院日语系外教，研究方向为日语教育、日语语音、日语教学法等。

② 王珈怡，对外经济贸易大学外语学院日语系 2022 级日语口译专业硕士研究生。

③ 赵力伟，对外经济贸易大学外语学院日语系副教授，研究方向为日本文学、中日比较文学。

因此，本文主要关注一些学习者难以掌握的声调，并对这些声调加以解说，同时分析初级阶段学习者的习得情况。

1 汉语和日语的声调

虽说日语的声调和汉语一样，同属高低型声调，但两者也有很大的差异。汉语赋予每个音节特定的声调，虽然有三声连读时的音变和轻声等变化，但声调基本上是绝对的、固定不变的。与之相反，日语的声调则是相对的，是由前后音拍高低的差异决定的。对于中国的日语学习者来说，这种“相对感”阻碍了他们对日语声调的准确把握。直白地说，有很多学习者无法识别自己发出的声调到底是高是低。在汉语中，一个音节即是一个汉字，作为表意文字的汉字，每个字都有其意义。也就是说，汉语中的汉字、意义和声调的高低总是一个统一体，但日语的一个音拍用文字表示的话，直音是一个假名，拗音是两个假名，作为表音文字的假名让文字和声调之间的关系变得难以捉摸。

换句话说，中文是通过堆叠最小单位的声调构成整体。而日语如果掌握不好“整体形态”，就无法掌握准确的声调。这不仅体现在单词的声调方面，在韵律方面也同样适用。

日语声调有这样一个特点：一个语段中一旦声调出现下降，就不会再上升。在标准日语中，第 1 拍和第 2 拍声调的高低一定不同，根据这个性质，只要我们明确声调核（即声调由高转低的部分），便可以确定单词的含义。日语之所以可以使用数字作为声调标记，也是因为这个特征的存在。此处的“一个语段”也可以是句子或短文，即使在句子中，单词本身的声调也不会发生改变，且纵观整个句子或短文，也同样存在声调一旦下降便不会再上升的韵律特征。因为日语中句子的整体声调和假名「へ」的字形很像，所以也被称为“へ字形声调”。

へ字形声调展现出了在一定的语段中，从开头或者是语段中声调最高的部分开始，说话所用的能量逐步衰减的过程。例如下山时，虽然过程中也会有起伏，但即便是需要向上爬一段，也不会爬得比山顶还高。日语语段中的声调也是如此。虽然在下降的部分中单词本身的声调依然保留着，但比起语段整体的最高点还是会低一些，这就是日语中自然的韵律。对于中国的日语学习者来说，最困难的一点就是这个“逐步衰减”的现象。汉语是通过最小单位的堆叠自然形成整体韵律的，以汉语为母语的日语学习者很难自己准确把握住句子和短文后半应有的声调高度，所以在日语母语者听来有时就会显得过高而不自然。

2 有活用的单词的声调

汉语的声调被称为四声，除了轻声以外只有四种声调，但当日语学习者们看到日语数字式的声调标记，便会发现日语单词的声调种类有很多。此外，日语还有活用，所以只记住形容词或动词典型的声调是没办法灵活运用的。

其实，形容词（イ形形容词）也好，动词也好，声调都只有两种。为了方便理解，除了数字式声调标记以外，表 1 还使用●和○来标记声调。●表示高声调，○表示低声调。表 1 中列举的有核型形容词和动词的例子，如只看数字式，声调似乎各不相同，但其实都展现出以○结尾，而前一拍是●的相同的声调模式。也就是说，只有平板型或者是从后往前数声调核位于倒数第 2 拍的“–2 型”这两种。但是当声调核接在连续的元音之后时，声调核会向前移动一拍。另外，像「かんがえる」这种拍数相对比较多的动词，也可以按照本来的“–2 型”来读。

表 1　形容词（イ形形容词）和动词的声调示例

	无核型		有核型（–2 型）	
形容词例	赤い 红色的	あかい⓪ ○●●	白い 白色的	しろい② ○●○
	悲しい 悲伤的	かなしい⓪ ○●●●	寂しい 寂寞的	さびしい③ ○●●○
	くだらない 无聊的	くだらない⓪ ○●●●●	美しい 美丽的	うつくしい④ ○●●●○
动词例	鳴る 响	なる⓪ ○●	成る 成为	なる① ●○
	欠ける 缺乏	かける⓪ ○●●	掛ける 挂	かける② ○●○
	働く 劳动	はたらく⓪ ○●●●	疲れる 疲劳	つかれる③ ○●●●○
核移动例	多い　多的	おおい①　●○○　ooi（元音オ的连续）		
	入る　进入	はいる①　●○○　hairu（元音アイ的连续）		
	考える 思考	かんがえる③④　○●●○○　○●●●○ kangaeru（元音アエ的连续）		

3 否定形「～ない」的声调

「ない」被分类为形容词，意思相当于汉语的“没”“无”，接在其他的形容词或动词之后，被用作否定该动作或作用、状态的接尾词。单独使用时的声调为「ない●○」，但用于否定存在活用的单词时，根据该单词的声调，「ない」的声调也不相同。表 2 展示了否定形的声调规律。

表 2 形容词（イ形形容词）和动词以及否定形的声调

	无核型		有核型	
形容词例	赤い 红色的	あかい⓪ ○●● あかくない（–2） ○●●●○	白い 白色的	しろい② ○●○ しろくない（–5） ●○○○○
	悲しい 悲伤的	かなしい⓪ ○●●● かなしくない（–2） ○●●●●○	寂しい 寂寞的	さびしい③ ○●●○ さびしくない（–5） ○●○○○○
	くだらない 无聊的	くだらない⓪ ○●●●● くだらなくない（–2） ○●●●●●○	美しい 美丽的	うつくしい④ ○●●●○ うつくしくない（–5） ○●●○○○○
动词例	鳴る 响	なる⓪ ○● ならない（⓪） ○●●●	成る 成为	なる① ●○ ならない（–3） ○●○○
	欠ける 缺乏	かける⓪ ○●● かけない（⓪） ○●●●	掛ける 挂	かける② ○●○ かけない（–3） ○●○○
	働く 劳动	はたらく⓪ ○●●● はたらかない（⓪） ○●●●●●	疲れる 疲劳	つかれる③ ○●●○ つかれない（–3） ○●●○○

如果把例词分成形容词的无核型、有核型和动词的无核型、有核型 4 种模式来看，将「ない●○」单独使用时的声调原封不动保留下来的只有形容词的无核型。无核型的动词即使变成否定形还是无核型，有核型的形容词从后往前数第 5 拍会成为声调核，有核型的动词从后往前数第 3 拍会成为声调核，无论哪一种情况，声调核都不会落在「な」上。

语言学习者发音教育的环境因学校而异，并非每一位学习者都有机会学到这样的声调法则。很多学习者即使在课堂中听到过关于该法则的解说，还是会在否定形的发音中不假思索地一律将「な」发得很高。造成这种问题的原因可能是因为学习者会在日语学习的初级阶段就学习到「ない」本身作为表示存在的表达方式，因此学习者将「ない」单独使用时的发音直接套用在了否定形中，从而将「な」发得较高。另外，从郑重体开始学习日语可能也是造成该问题的原因之一。虽然在上述 4 种模式中，将「ない」单独使用时的声调原封不动保留下来的只有形容词的无核型，但当变形为郑重体「～ないです」时，无核型的动词也会变成「はたらかないです○●●●●○○○」，「な」就会需要发得比较高。另外，形容词的有核型，比如说「さびしくないです」，有时日语母语者发作「さびしく○●●○ + ないです●○○○」，也就是将两个部分分离开，把「な」发得稍微高一些。正因为「ないです」有这么高的独立性，所以学习者很有可能直接套用了「～ないです」去掉「です」后的发音，从而导致将「な」发得较高。

4 形容词过去形「～かった」的声调

还有一个在初级阶段日语学习者中尤为常见的现象，那就是将形容词的过去形「～かった」的「か」的部分发得很高。表 3 整理了形容词的过去形。有核型的形容词现在虽然有两种声调，但无论是无核型还是有核型，「か」都不能读得很高。这一点对否定形「～くなかった」来说也是一样。

与前文提到的「ない」不同，「かった」只有作为接尾词的用法，无法单独使用。另外，即使变形为郑重体「かったです」，「か」的部分也不会成为声调核。因此可以认为「かった」的发音出现问题的原因与「ない」有明显的不同。

表 3　形容词过去形的声调示例

无核型		有核型	
赤い 红色的	あかい⓪ ○●● あかかった ○●○○○ あかかったです ○●○○○○○ あかくなかった ○●●●○○○ あかくなかったです ○●●●○○○○○	白い 白色的	しろい② ○●○ しろかった ●○○○○／○●○○○ しろかったです ●○○○○○○／○●○○○○○ しろくなかった ●○○○○○／○●○○○○ しろくなかったです ●○○○○○○○○／ ○●○○○○○○○
悲しい 悲伤的	かなしい⓪ ○●●● かなしかった ○●●○○○ かなしかったです ○●●○○○○○ かなしくなかった ○●●●●○○○ かなしくなかったです ○●●●●○○○○○	寂しい 寂寞的	さびしい③ ○●●○ さびしかった ○●○○○○／○○●○○○ さびしかったです ○●○○○○○○／ ○○●○○○○○ さびしくなかった ○●○○○○○○／ ○○●○○○○○ さびしくなかったです ○●○○○○○○○○／ ○○●○○○○○○○

其中一个原因可能是促音的存在。促音是一种特殊音拍，与作为独立音拍的直音、拗音发音长度相同。也就是说，发「かった」这个音时，促音「っ」停顿的部分与前后的音拍必须要保持大致相等的时长。因为汉语中没有如此重视音拍长度的习惯，而日语学习者可能是为了确保足够的促音的停顿时间，将「か」和「た」以不同的音高发音了。

否定形的过去形则更为复杂。既有将「か」发得过高的情况，也有如前文提到的将否定形的「な」发得过高的情况。图 1 以「わからなかった」为例，展示了几种错误的类型。

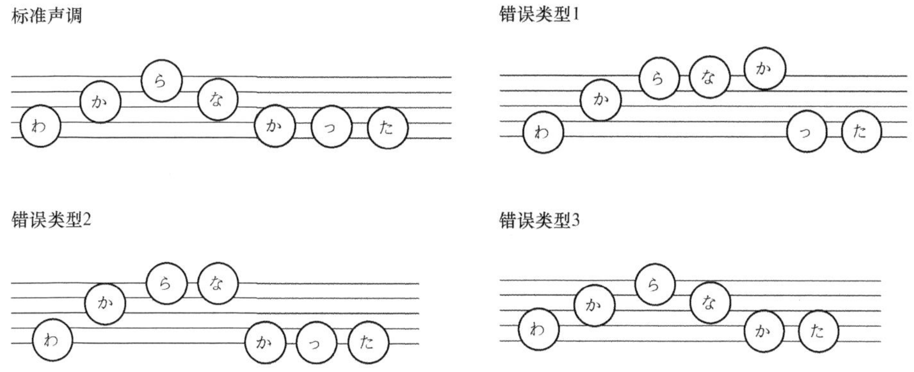

图1 「わからなかった」的误区

「わからなかった」标准的声调是以「ら」为最高点，而后声调缓缓下降。错误类型 1 的问题是「か」过高，或者是将「らなか」以同样的音高发音。类型 2 的问题是虽然在发「か」时声调下降了，但「な」的声调过高，或者是将「ら」和「な」以同样的音高发音。类型 3 是声调虽然标准，但没能发出促音的例子。

即使头脑中知道「ら」要高一些，「な」要低一些，实际发音的时候还是会有困难，很多日语学习者难以分辨前后音拍的音高差距。

5 对日语韵律的影响

前文提到日语韵律的特征「へ字形」是从最高点开始，说话所用的能量逐步衰减的韵律。而将「ない」的「な」和「かった」的「か」发得较高则会成为这个自然衰减过程的阻碍。因为从日语的语法构造上来看，这些组成部分都会被放在语段的后半。在语段的后半，意味着已经经历了相当长的衰减过程，如果此时发出较高的声调，即便没有达到最高点的高度，听起来也依旧很不自然，这一点不言自明。另外，诸如将「～てるんです」等テイル形式的郑重体中的「る」发得较高的现象也屡见不鲜，这同样妨碍了へ字形的韵律。本文虽以「ない」和「かった」为重点，但对于テイル形式的郑重体也想稍加考察。

6 对大一学生的测试验证

笔者在大一下学期的会话课上通过课后作业的形式对学生的声调错误情况进行了验证。目的主要有 3 点，首先是了解共通的错误，其次是确认学生能否客观地认识到自己出现了怎样的声调问题，最后是检验学生能否靠自己的能力改正声调发音。

所用的对话是从基础日语课使用的教材《综合日语》第二册（修订版）（北京大学出版社）中截取的。截取的部分是基础日语课上已经学过又或是正在学习且已经由老师讲解了新单词和语法的文章。虽然没有对全班 28 人逐一进行确认，不过大多数的学生应该都会听书后附带的录音教材。

在准备阶段，要求学生提交自己朗读对话内容的录音文件，并将截取的单元中的对话打成 word 文件，老师将学生发音不自然的部分在 word 文件中划线标出，用日语写下对学生发音的建议并发回给学生。这样的工作每周进行 1 次，共进行了 2 次。建议不仅限于声调方面，也包含了关于特殊音拍的长度及清浊音的混淆等问题。

到学生第 3 次提交录音时，老师只标出下划线，不再写下建议，要求学生下周自己在 word 文件中填入自己的发音出了什么问题，要怎样改正，并提交。如果学生的回答有误，再写上正确的建议发回给学生。到了最后一周，再让学生提交一次自己朗读同一篇对话内容的录音文件。这就是整体的流程。

以下是课后作业的对话，下划线部分是本次验证的重点关注目标。

信哉：ええ、まあ。でも、一人で全部させられるのかと思って、初めはすごく緊張しましたよ。

けど、何とかなりました。けっこうおもしろかったですよ。

先輩：ふーん。付き添いって、何かあったら大変だよな。

信哉：ええ、でも、ボランティアが何人かで仕事を分担するから、一人一人の負担は軽いんですよ。

先輩：あ、なんだ。一人で働かされたのかと思った。

信哉：違いますよ。でも、僕みたいな初心者でも参加できるようになってるんですよ。

先輩：すごいな。でも、お年寄りとずっといるのは退屈じゃない？

信哉：それが、昔のこととか聞けて、おもしろかったですよ。

僕の知らないこともたくさんあったし…。

（选自《综合日语》第二册 第 26 课单元 2 「ボランティアの経験」）

测试结果

如表 4 所示，在 28 名学生中，能够在第 1 次就正确发出「知らない」的

声调的学生只有 5 人。在将「な」发得较高的 23 名学生中，能够靠自己的判断指出正确声调的有 19 人，4 名学生回答称“应该把ら发得高一些”或者回答「しらない②」。为这 4 名学生写下建议发回后，第 2 次 4 人都做到了正确发音。另一方面，能够自己指出正确声调的 19 名学生中，第 2 次做到了正确发音的有 13 人。3 名学生稍有改善，虽然能听出他们试图将声调降低的努力，但「な」还是发得有些高。剩下的 3 名学生即使自己知道有问题，还是和第 1 次一样发得很高。另外，第 1 次时做到了正确发音的 5 名学生中，有 2 名学生第 2 次时将「な」发得较高，可以认为在测试前真正掌握了「しらない」的正确声调的，28 名学生中只有 3 人。

表 4　「知らない」（ない）的声调（合计 28 人）

<table>
<tr><td rowspan="4">第 1 次</td><td colspan="2">正确发音</td><td colspan="5">「な」发得较高</td></tr>
<tr><td colspan="2" rowspan="3">5</td><td colspan="5">23</td></tr>
<tr><td colspan="3">能指出正确音调</td><td colspan="2">无法指出</td></tr>
<tr><td colspan="3">19</td><td colspan="2">4</td></tr>
<tr><td rowspan="2">第 2 次</td><td>正确发音</td><td>「な」发得较高</td><td>正确发音</td><td>有一定改善</td><td>「な」发得较高</td><td>正确发音</td><td>「な」发得较高</td></tr>
<tr><td>3</td><td>2</td><td>13</td><td>3</td><td>3</td><td>4</td><td>0</td></tr>
</table>

表 5 是「おもしろかった」的测试结果。因为「おもしろかった」在对话中出现了 2 次，结果便分为 2 次都正确、有 1 次正确、2 次都将「か」发得较高 3 种类型。虽然在第 1 次的录音中，2 次都做到了正确发音的有 7 名学生，但其中 1 名学生在第 2 次录音时只发对了 1 次。第 1 次录音时将其中 1 个「おもしろかった」的「か」发得较高的学生有 2 人，其中 1 人在被下划线指出问题后对于出现了怎样的问题回答“不清楚”。即便为该学生写下了正确的声调建议，第 2 次仍未能改善。2 次都将「か」发得较高的 19 名学生中，15 人凭借自己的判断指出了正确的声调，但第 2 次录音时，将其中 1 个「か」发得较高的学生有 1 人，2 次都将「か」发得较高的学生有 3 人。2 次都将「か」发得较高且没能指出问题所在的学生依靠自己的判断给出的回答有：“促音发的不够”，“「た」发得过高”，“不清楚”或者没有作答。在为这些学生写下正确声调的建议发还后，第 2 次录音时 2 次都做到了正确发音的学生还是一个也没有。

表 5 「おもしろかった」（かった）的声调（合计 28 人）

	2次都正确			其中1个「か」发得较高		2次都将「か」发得较高					
第1次	7			2		19					
				能够指出	无法指出	能够指出			无法指出		
				1	1	15			4		
第2次*	○	△	×	○	△	○	△	×	○	△	×
	6	1	0	1	1	11	1	3	0	1	3

*第 2 次：○表示 2 次都正确 △表示有 1 次正确 ×表示 2 次都将「か」发得较高

「なってるんですよ」是句子或短文的后半部分，严格来说应是句子语调的一部分，此处为方便说明将它视作一个单词声调。原本以「な」为最高点，而后能量逐步衰减才是自然的声调。将「る」发得和「な」同样高，又或者「る」发得比「な」还要高是常见的问题。换句话说，很多学生无法将「る」发得偏低一些。如表 6 所示，28 名学生中，虽然有 10 人在第 1 次的录音中就做到了正确发音，但其中 3 人在第 2 次的录音中将「る」发得较高。在第 1 次录音中将「る」发得较高的 18 名学生中，凭借自己的判断指出了正确声调的有 15 人，但第 2 次录音中正确发音的只有 9 人，没能指出问题所在的学生中，第 2 次录音时正确发音的只有 1 人。

表 6 「なってるんですよ」的声调（合计 28 人）

	正确发音		「る」发得较高			
第1次	10		18			
			能指出问题所在		无法指出问题所在	
			15		3	
第2次	正确发音	「る」发得较高	正确发音	「る」发得较高	正确发音	「る」发得较高
	7	3	9	6	1	2

7 考察与总结

在本次测试的 28 名学生中，2 次录音所有声调均做到正确发音的仅有 1 人。这足以说明的确存在共通的发音问题。接下来，关于学生能否客观地认识到自己犯了怎样的声调错误这一问题，通过此次测试了解到约八成的学生可以依靠自己的判断指出正确的声调。关于能否靠自己的能力改正错误声调的问题，请先看图 2 的数据。

3 个语段在第 2 次录音中做到正确发音的人数都出现了增加，由此可见，学生意识到错误后可以凭借自己的能力改正发音。从测试结果中可以看出，表示自己“不知道错在哪里”的学生只有不到两成，因此想要改正声调，首先“意识到”错误之处毫无疑问是非常重要的。需要注意的是，作为此次重点目标的 3 个语段，是大一学生在日语学习的初级阶段就会学习到的，使用的频率恐怕也相当高。在学习外语的过程中，某种误区未能得到纠正便固定在脑海中的现象被称为语言的化石化，不仅仅是语法，发音也会出现这种化石化现象。在没有意识到错误的情况下，学习的时间越长，发音的化石化便越根深蒂固，此时即使想要改正也没办法轻易地改正过来。笔者认为，在发展成这种情况之前，了解中国的语言学习者共通的发音难点对于帮助他们掌握正确的声调是非常有益的。

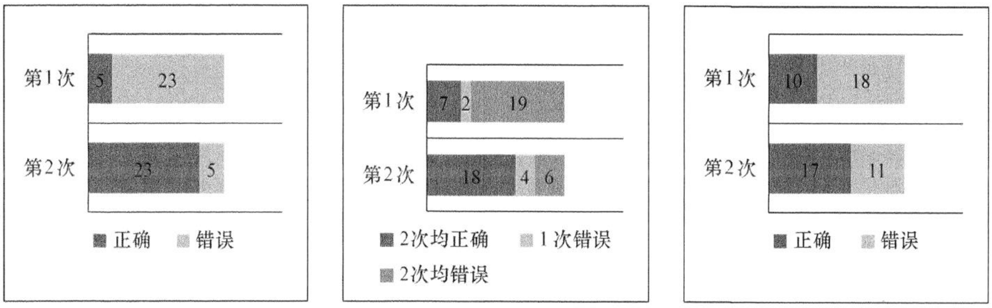

「しらない」　「おもしろかった」　「なってるんです」

图 2　第 1、第 2 次录音各自的正误情况

问题在于，即使知道正确的声调，也不一定能够准确地发出。在「かった」的例子中，即使为学生指明了正确的声调，也还是有学生无法按照指明的声调发音。在「なってるんです」的例子中，即使自己指出了正确的声调，但在实际发音时，却还是有学生将「る」发得较高，并且有不少学生在第 1 次录音时正确发音，但第 2 次录音时又读错，这说明未能完全掌握。根据图 2 的数据可知，在第 2 次录音中，能够正确发音「ない」「かった」「なってるんです」三者的学生依次递减，并且与第 1 次录音时正确发音的人数的差距也更小，说明后者比前者掌握起来更加困难。反过来说，作为无核型动词的否定形的「ない」看起来应该是最容易改正的，可事实上也未必如此。观察该测试之后进行的期末考试的口试以及学生提交的其他会话作业的情况，仍然有不少学生未能改正，依旧将「な」发得较高。发音时无法将「な」的声调降下去这个问题，很可能是日语学习者根深蒂固的顽疾。日语学习者是拥有改正自己发音的能力的，语音教育需要做的也许就是在学习者记住正确的发音之前，通过反复提醒让他们意识到自己的错误。

如果通过本文，能够让母语是汉语的教师们也关注到日语学习者在这些发音上的情况，同时成为确认自己发音的契机，我将不胜荣幸。

参考文献：

田中真一，窪薗晴夫，2016. 日本語の発音教室　理論と練習[M]. 東京：くろしお出版.

平野宏子，広瀬啓吉，峯松信明，河合剛，2006. 中国語話者の日本語朗読音声の韻律的特徴と母語話者評価[J]. 電子情報通信学会技術研究報告 105 号：23-28.

馮蘊澤，2007. 中国語の音声[M]. 東京：白帝社.

望月八十吉，1974. 中国語と日本語[M]. 東京：光生館.

湧田美穂，2003. 「い形容詞 + ナイ」の韻律的特徴—アクセント・イントネーション・持続時間の側面から—[J]. 早稲田大学日本語教育研究 3 号：125-139.

从“象征能力”视角看文学文本在德语教学中的应用

文史哲[①]

摘　要：“象征能力”是学界应对日趋多元复杂的跨文化交际现状提出的外语教学新理念。“象征能力”要求外语学习者能够理解交际参与方所处的社会历史文化背景，理解意义、观念等在语言这一象征系统内的生成过程，并习得构建新话语、重建交际语境的能力。文学文本因它特有的“象征形式”尤其有利于外语教学中象征能力的培养。在课堂实践中，教师可通过针对文学文本的分析、翻译、再创作等方法促进学生象征能力的提升。

关键词：象征能力；文学；德语教学

在外语教学中，对象国语言的文学文本历来具有重要意义。不过，在不同时期，或基于对外语教学目的的不同理解，文学文本承担的具体功能不尽相同。近年来，美国应用语言学与语言教育领域学者 Claire Kramsch 教授提出了“象征能力”（symbolic competence）概念，呼吁将外语教学的主要目标从“交际能力”拓展至“象征能力”，并主张应充分利用文学文本的美学特性来促进“象征能力”的培养，这在外语教学理论研究与课堂实践中均引起较大反响。本文将梳理“象征能力”理论的基本脉络，并结合课堂实践案例，探讨如何在大学德语教学中应用文学文本提升学习者的“象征能力”。

1　外语课堂中的文学文本

直至 20 世纪中期，在洪堡教育理念的影响下，人的“修养”或说“修身”（Bildung）被视为教育尤其是大学教育的出发点和最终目的，外国文学的阅读与研究是超越功利提升个人修养的重要途径。二战后，随着各国经济发展与国际交往的增多，由 Hymes 提出的“交际能力”（communicative competence）

---

① 文史哲，对外经济贸易大学外语学院德语系讲师，主要研究方向为德语文学、德语教学法等。

（1964）成为外语教学中的核心概念，以此为基础的交际语言教学法（Communicative Language Teaching）倡导对真实交际情境的模仿，以培养学生的语言技能和完成日常交际任务的能力，因而，相对抽象的文学文本便难以在语言课堂中得到广泛运用（Dobstadt and Riedner，2011）。不过，几十年来“几乎成了先进外语教学法代名词”（张伊娜，2006：21）的交际语言教学法也受到了批评，如德国著名语言学家 Harald Weinrich（1985）就曾抨击外语课堂“平庸无聊”，并呼吁通过“再文学化”也即以文学的美学属性引导学生外语学习的兴趣。同时，学界也越来越多地考虑文学文本在以实用为导向的外语课堂中的应用，并发掘出了文学文本所具备的“跨文化功能”（Kast，1994）：外国文学文本成为外语学习者了解并识别异文化特征，以求更好实现跨文化交际的工具。也因如此，进入外语课堂的文学文本就不必仅为从前用以提升人文修养的“经典”，包括通俗文学、青少年文学乃至网络文学等在内的各类文本都可成为适宜的教学材料，但文学文本在此更多被视为一种关于异文化的信息载体，文学的美学属性并未得到重视。

自新世纪以来，随着全球化的深化以及互联网技术尤其是社交媒体的兴起，以跨文化“交际能力”为目标的外语教学面临着新的挑战。如文化人类学家 Joana Breidenbach 与 Ina Zukrigl 指出（2000：11）：“当今的世界体系是一种复杂的、彼此重叠又充满矛盾的秩序，人、商品、资本、技术以及理念在其中不停流转。”这意味着，“文化”成为一个“充满了内在矛盾与张力的话语构建性的概念”。那么，将某一语言共同体视为同质的文化共同体、以语言来区分“异文化”与“母文化”几乎就成了不切实际的想象（Hu and Byram，2009）。正是在这样的背景下，美国应用语言学与语言教育领域学者 Claire Kramsch 提出了“象征能力”的概念。她指出（Kramsch and Whiteside，2008：646），当下跨语言交际的参与者并非只是归属于某种单一文化的母语使用者，而是生活在多种语言、文化、价值观和意识形态交织的环境之中的个体，他们“拥有不同的语言能力与文化想象，不同的社会与政治记忆，对自身所处的社会文化环境的理解也并不一致”，因此，“成功的交际不仅在于在某一场合采取对应的交际策略，更重要的是意识到与谁交谈、以何种话语方式交谈、选择什么样的交谈内容以及期待达到何种效果”。换言之，外语学习者仅仅接受语言技能或交际策略的训练已远远不足以应对日趋多元复杂的现实，他们必须理解交际双方的社会历史文化背景，理解意义、价值观乃至意识形态等是如何在语言这一具有象征性的符号体系内生成的，这就是 Kramsch 所要求的从“交际能力”至“象征能力”的转换（2006：251；2011a：36）。Kramsch

认为，为培养外语学习者的“象征能力”，就必须在外语教学中充分重视文学文本的作用，尤其是重视文学文本“在交际导向中被忽视的（语法的、词汇的、范式的、性别相关的、诗学的、审美的）象征形式……因为归根结底，意义通过形式而被构建和传递”（2011a：40）。

2 “象征能力”与文学文本的功能

具体而言，究竟什么是文学的“象征形式”？它与“象征能力”的培养又有何关联？Kramsch 指出，语言的“象征形式”，是指语言不仅只是词汇的组合或事实与信息的载体，更是一种具有超越其字面意义的象征力的“形式”，这意味着语言“诗意的、感性的、意识形态的维度应当被感知并得到阐释”（2011a：36）。Kramsch 认为，语言的“象征形式”可以表现为三个方面（2011a）：一是“象征性描述”，即语言呈现的内容，包括“所指”与“能指”之间的差别；二是“象征性行为”，指语言行为究竟如何发生，例如，话语发生时（隐含的）言说对象是谁，话语如何（有意或无意地）选择说或不说的内容，或者言说者所采取的视角、语言风格等；三是“象征性表达”，即语言所期望或所能够实现的效果，例如在听众中引起的共鸣与反响，对文化或身份认同的构建等。

与此相应，“象征能力”就是恰当应对并处理语言“象征形式”的能力。对外语学习者来说，即意识到学习外语不仅是在语言使用上向母语者靠拢，也不仅是学会在特定的场合选取适宜的交际策略，更是意识到语言/话语是复杂的社会文化环境的产物，是“挑战既有的意义体系以及重新定义现实的权力的游戏……它是对词语的重新编码，能够揭示出社会认同，个体与集体的记忆、情感和愿望”（2011b：357-359）。这样的意识能够促使个体以其个性化的方式来体认他者自我（other selves）所面临的历史与现实的复杂性和矛盾性，并能反过来对自身所处的环境进行新的反思、阐释与言说，只有这样，超越差异与分歧的沟通和共存才能真正成为可能。

语言的“象征形式”在文学文本中能得到充分的展现。用瑞士文学家阿道夫·慕施克的话来说，“文学的语言——即便对母语者而言——是且永远是一种外语”（1987：7），因为文学的语言就是要将人们习以为常的日常再度陌生化，让他们用新的目光重新审视或阐释周遭世界，Kramsch 则将文学语言的这种特性归纳为三点（2006：251）：一为“制造复杂性”，文学语言绝非仅为传递某种信息或事实，而是要创造一种“能指”与“所指”交相辉映的错综复杂的语境；二是“容纳模糊性”，文学语言极少做价值评判，也不负责解答难题，其任务在于展现现实中处处存在的矛盾与荒诞；三是“形式即为意义”，文学作品的意义最终要通过包括修辞、风格、体裁等形式来显现。总之，激发外语学习者对文学语言的敏感度，引导他们学习如何阐释、处理对象国语言的文学文本，是培养其“象征能力”的必要路径。

根据 Kramsch 的理论，以“象征能力”驱动的跨语言交际可包含四个维度（2008：664-667）：第一是定位，即确定语言使用者所处的象征空间，认识到语言的主体化本质与被使用过程中所附着的历史、文化、情感等多因素的积淀；第二是辨认，即辨认出语言中体现的作为历史事实的真实存在与作为想象或记忆而存在的心理模式或原型；第三是构建，即语言使用者能够利用上文所述语言的“象征形式”构建属于自己的话语；第四是重建，也即重建交际语境，使处于不同象征系统中的交际参与者发生互动与共鸣，而这也是培养“象征能力”的最终目的。

3 文学文本在德语教学中的应用

基于上述理论，可尝试以大学德语课堂为例，探讨文学文本的应用之道。而根据衡量“象征能力”的“定位—辨认—构建—重建”四个维度，或可从文本分析、翻译、再创作三方面展开对文学文本的处理。

3.1 文本分析

文本分析是处理文本的基础，也是外语学习者完成“定位”语言主体与“辨认”语言“象征形式”的关键步骤。这里以海因里希·伯尔 1952 年发表的短篇小说《笑者》为例。该作品篇幅短小（约 600 字）、语言简练，适合作为入门的文学读物，被收入外研社“德汉对照分级读物”丛书（2002），笔者也将该版本作为德语专业大二年级下学期德语阅读课程的拓展阅读材料。小说通篇为一位不知姓名的、以笑为职业的“笑者”的内心独白，他日夜奔波，似乎处处都需要他来发出笑声，但他内心却并不快乐，“下班”后再无笑颜。按要求，学生们在课下阅读原文，再在课堂上展开讨论。笔者发现，尽管同学们几乎能够无障碍地理解小说语句，但对其主旨却十分困惑。发言分享读后感的三位同学不约而同地认为小说揭示了现代职业分工对人的异化，一位同学在发言报告中写道：“当人们将情绪的表达从自身剥离出来，作为谋生的工具时，喜怒哀乐就不再属于自己。这或许也与现代人的某种悲哀类似——社会的分工精细化，使得某些原本属于人们生活习惯的部分被剥离出来，成为专门的工作。”

尽管文学阅读并不追求标准答案，但几位同学显然是从自己熟悉的生活经验出发，仅对文本字面之义做出了解读，但这是否足够有效地释放了文本中包含的讯息？对此，教师有必要引导学生进入文学语言的“象征系统”，可围绕语言的“象征性描述”“象征性行为”与“象征性表达”进行提问，例如：

（1）伯尔是谁？小说写作于什么时间？这个时间的德国有何特殊之处？

（2）小说内容非常简单，作者似乎什么都没有交代。“我”是谁？“我”生活在哪儿？那些需要“我”去发笑的主顾们是谁？读者一无所知。这种情节的留白应当如何解读？

（3）以发笑谋生，本不可能，但在“我”的讲述中，这个职业就像面包师、理发师等日常职业一样理所当然，作者借这样的讲述方式达到了什么样的效果？

（4）全篇以“笑”为线索一气呵成，“笑”本是愉悦的表征，但小说留给读者的印象是否是愉悦的？为什么？

一旦打开新的视角，学生们不难通过查找资料、思考和讨论对文本产生新的理解：伯尔是德国战后极具现实政治关怀的著名作家，《笑者》写作并发表于 1952 年，正是德国二战后经济重新起飞的初期。由此，读者很容易联想到故事背景或许为战后德国，并进而追问，是否由于二战带来的过于沉重的灾难与痛苦，才使得“笑者”的同胞们普遍丧失了笑的能力？真正的伤痛总是难以言说，伯尔对时代背景的避而不谈与刻意留白或许就是对此更深刻的表达。同时，他将笔墨完全集中于描述一种不可能存在却大受欢迎的职业，塑造一个以“发笑”为生但下班之后却“像死一般严肃”的“笑者”，形成了荒诞、悲凉的叙事效果——“笑”与愉悦无关，只是用来遮掩内心的虚假外壳。那么，伯尔究竟是借此对战后心怀难愈创伤的同胞表达同情，还是对他们对于战争的集体缄默发出尖锐批评？又或者两者兼有？无论学生得出什么样的结论，这样的解读方式无疑更贴近文本所处的历史文化语境，能更细致地辨识出语言“象征形式”所承载的复杂情感与意蕴，也是一场更为成功的跨文化阅读。

3.2 翻译

在文本分析的基础上，也可让学生尝试将外文文本中关键语句或词汇译为母语，以此提升学生构建语言“象征形式”的自觉，这也是象征能力中“构建”能力的体现。这里以德国毕希纳奖获得者、土耳其裔作家 Emine Sevgi Özdamar 1998 年出版的小说《金色号角之桥》为例。小说讲述了一名土耳其女孩于 1968 年以外籍工人的身份来到柏林追求梦想的故事。文中不少篇幅描绘了当时土耳其女工的居住与工作环境，以及她们艰难模仿德语发音的情形，例如（原文见附录 1）：女工们居住的宿舍楼德语为“Wohnheim”，但受到土耳其语的影响，她们只能发“Wonaym”音；工厂主名为“Schering”，女工们则称之为“Scherin”或“Scher”，再冠以“Herr（先生）”称呼，连读便成了“Herschering”或“Herscher”，与德语中意为“掌权统治者、君王”的“Herrscherin”和“Herrscher”同音（两词同义，仅有阴阳性之分）。作者在此通过文字游戏，刻画了一位从不露面，总让一名女翻译传达命令的企业主在女工们心中的专断形象，这段文字也由此在“所指”与“能指”之间创造了巧妙的错位，赋予了语言字面意义之外的社会政治内涵。

对德语专业大二年级的学生来说，理解上述文字及其弦外之音并不困难，但如果要求他们将这些文字译为汉语，则颇费思量。在课堂讨论之后，学生认为，在译文中仍可保留“Wonaym”的原文形式并加注辅以解释，因为“保留非汉语的拼写形式更能凸显土耳其女工语言与身份的格格不入”。而对于“Schering-Herr Schering-Herschering-Herscher”的译法，学生给出的较好的翻译建议是将它们简化为“沙宁——沙皇先生”，兼顾了人名的音译，也契合原文中的政治象征意味（“沙皇”也通常是专横统治者的代名词）。尽管学生给出的翻译方案并非完美，但通过这样的思考与训练，他们将更好地对比与领会外语与母语的“象征形式”，提升构建新话语的“象征能力”。

3.3 再创作

如前文所述，培养外语学习者象征能力的最终目的是使他们能够重建新的交际语境，使来自不同社会文化环境中的交际参与者产生理解或共鸣。在外语课堂上，文学文本同样能够构成与之“交际”的对象，也就是说，在理解文本的基础上，还可通过续写、仿写、评论等自我表达的再创作方式完成与文本的对话。这里以德国著名儿童文学作家 Erich Kästner 1957 年自传体小说《当我曾年幼》中主人公回忆故乡德累斯顿的片段为例。德累斯顿是位于德国东部的历史文化名城，但在 1945 年 2 月被英美空军联合炸毁，这一事件被看作是二战史上最具争议的事件之一，如果仅聚焦于这一历史事实，则持不同意见者或许永远难以就此展开对话。但作家展现了如何以文学的方式进入这一话题（原文见附录 2）：小说中的“我”选择了一种向孩子们讲故事的口吻来回顾这段往事，一面强调童年故乡德累斯顿的“无与伦比的美”，一面用极具画面感的词汇和比喻生动描述这座城市如何在一夜之间被残酷从地面上抹去，这样饱含个人情感与记忆的语言显然更能唤起读者的共鸣。不论读者如何评判该事件的正义性，都无法否认这是一场人类共同的悲剧。此外，小说中的“我”详细交代了轰炸事件的时间与经过，但却绝口未提轰炸的实施者，这样的叙事行为同样耐人寻味，考虑到作者在 20 世纪 50 年代是积极的和平主义运动的参与者，或许能够推测，作者希望通过故事使后人牢记战争的残酷而淡忘仇恨。

对文本进行了如上解读之后，教师可以启发学生进一步思考：自己又该如何给孩子们讲述德累斯顿轰炸事件，抑或如何给德国人讲述本民族历史上的灾难性或争议性事件？可让学生就此仿写一篇德语作文。而文学给他们的启示应当是：在发表观点或做出评判之前，不妨先调动情感、记忆甚至想象以重返事件现场，从人的处境出发理解历史与现实的复杂性，再充分运用语言的“象征形式”，以富有感召力的方式对此进行表达。如此，跨越语言、文化的相互理解与沟通或许就将真正展开，外语教学也就能够完成培养学生象征能力的使命。

4 结语

如 Kramsch 所言，从交际能力到象征能力的拓展，是外语教学中的“生态转向”，意味着“外语学习者不仅是交际者和问题解决者，更是有灵魂、有思想、有记忆、有想象、有忠诚以及有身份认同的完整的人”，这实际也是我国“新文科”教育的出发点。面对世界百年未有之大变局，国家与地域间的历史与文化鸿沟在加深，宗教信仰、种族身份、国家认同、意识形态等问题的重要性不断提升，不仅迫切需要我们在国际交流中准确理解各方所处的历史文化背景，更应懂得语言与意义和观念生成的关系，并有能力构建新的话语体系和交际语境。这样看来，培养象征能力的确应成为当前外语教学的题中之义，而文学作为古老的“人”学，优秀的文学作品作为完美展现语言“象征形式”的载体，在外语教学中的作用值得重视和深思。

参考文献：

伯尔，2002. 笑者［M］. 北京：外语教学与研究出版社.

张伊娜，2006. 交际教学法问题之思考［J］. 外语与外语教学，4：21-23.

BREIDENBACH J, ZUKRIGL I, 2020. Tanz der Kulturen: Kulturelle Identität in einer globalisierten Welt［M］. Hamburg: Rowohlt Taschenbuch Verlag.

DOBSTADT M, RIEDNER R, 2011. Fremdsprache Literatur: Neue Konzepte zur Arbeit mit Literatur im Fremdsprachenunterricht［J］. Fremdsprache Deutsch: Zeitschrift für die Praxis des Deutschunterrichts, 44: 5-14.

HU A, Byram M, 2009. Interkulturelle Kompetenz und fremdsprachliches Lernen: Modelle, Empirie, Evaluation [C]. Tübingen: Gunter Narr Verlag.

HYMES D, 1966. Two types of linguistic relativity [C]// BRIGHT W. Sociolinguistics: Proceedings of the UCLA Sociolinguistics Conference 1964. Berlin/Boston: Mouton: 114-167.

KAST B, 1994. Literatur im Anfängerunterricht [J]. Fremdsprache Deutsch: Zeitschrift für die Praxis des Deutschunterrichts, 11: 4-13.

KÄSTNER E, 1996. Als ich ein kleiner Junge war[M]. Zürich: Atrium-Verlag.

KRAMSCH C, 2006. From Communicative Competence to Symbolic Competence [J]. The Modern Language Journal, 90 (2): 249-252.

KRAMSCH C, WHITESIDE A, 2008. Language Ecology in Multilingual Settings: Towards a Theory of Symbolic Competence [J]. Applied Linguistics, 29 (4): 645- 671.

KRAMSCH C, 2011 (a). Symbolische Kompetenz durch literarische Texte [J]. Fremdsprache Deutsch: Zeitschrift für die Praxis des Deutschunterrichts, 44: 35-40.

KRAMSCH C, 2011 (b). The symbolic dimensions of the intercultural [J]. Language Teaching, 44: 354-367.

SEVGI Ö E, 2008. Die Brücke vom Goldenen Horn[M]. Köln: Kiepenheuer & Witsch.

WEINRICH H, 1985. Von der Langeweile des Sprachunterrichts [G]. //WEINRICH H. Wege der Sprachkultur. Stuttgart: Deutsche Verlagsanstalt: 221-245.

附录 1：

Ich lebte mit vielen Frauen in einem Frauenwohnheim, Wonaym sagten wir... Der Fabrikchef hieß Schering. Scherin sagten die Frauen, Scher sagten sie auch. Dann klebten sie Herr an Sher, so hieß er in manchen Frauenmündern Herschering oder Herscher.

（节选自 SEVGI Ö E. Die Brücke vom Goldenen Horn [M]. Köln: Kiepenheuer & Witsch, 2008: 16-17.）

附录 2：

Wenn es zutreffen sollte, dass ich nicht nur weiß, was schlimm und häßlich, sondern auch, was schön ist, so verdanke ich diese Gabe dem Glück, in Dresden aufgewachsen zu sein. Ich mußte, was schön sei, nicht erst aus Büchern lernen. Ja, Dresden war eine wunderbare Stadt. Ich könnt es mir glauben. Und ihr müßt es glauben! Keiner von euch, und wenn sein Vater noch so reich wäre, kann mit der Eisenbahn hinfahren, um nachzusehen, ob ich Recht habe. Denn die Stadt Dresden gibt es nicht mehr. Sie ist, bis auf einige Reste, vom Erdboden verschwunden. Der Zweite Weltkrieg hat sie, in einer einzigen Nacht und mit einer winzigen Handbewegung, weggewischt. Jahrhunderte hatten ihre unvergleichliche Schönheit geschaffen. Ein paar Stunden genügten, um sie vom Erdboden fortzuhexen. Das geschah am 13. Februar 1945. Achthundert Flugzeuge warfen Spreng-und Brandbomben. Und was übrig blieb, war eine Wüste. Mit ein paar riesigen Trümmern, die aussahen wie gekenterte Ozeandampfer.

（节选自 KÄSTNER E. Als ich ein kleiner Junge war [M]. Zürich: Atrium-Verlag, 1996: 55.）

基于交际的阿拉伯语语法教学探讨

赵　希[①]

摘　要：基于交际的语法教学，即以语言技能的培养为目的和主导，在交际教学中适当融入语法教学，使交际教学与语法教学相辅相成。以“基础阿拉伯语”课为例，课内语法教学的设计主要涉及两个问题：如何在交际教学流程中融入语法教学？如何选取每课的语法教学知识点？在前一问题中，先结合任务型教学法、产出导向法等理论，设计基本的交际教学流程，后将语法作为任务，适当融入交际教学流程的各个环节；在后一问题中，根据中国高校阿拉伯语专业基础阶段语法大纲、语法习得顺序的相关理论、所使用教材的语法知识出现的顺序，确立每一教学单元的语法教学任务。

关键词：阿拉伯语；语法教学；交际法；任务型教学；产出导向法

1　基于交际的语法教学思考

1.1　交际教学与语法教学的融合

1.1.1　交际教学法的盛行

自 20 世纪 70 年代起，许多外语教育者逐渐认为，单一的语法教学只能构建语言结构的陈述性知识，无法真正培养学习者的外语交际技能。以语言学家 Wilkins 提出的功能意念大纲（Notional-Functional Syllabus）为代表，交际教学法开始在欧美国家兴起。与传统的语法教学着眼于“怎么说”有别，功能意念大纲强调“说什么”，要求根据学习者的交际需求，构建相应的语义概念和语言功能，以期培养学习者的外语交际能力。具体而言，交际教学法倡导教学内容和教学过程均要交际化。一方面，教师应根据功能意念大纲，确定每一课的交际场景、交际目的和相应的语料；另一方面，教师应将课堂转变为语言应用的平台，使学生在获取信息、分析问题和表达观点等具体环节中使用中介语。交际教学法在中国也受到了众多外语专业教学者的青睐，

---

① 赵希，对外经济贸易大学外语学院讲师，研究方向为中东问题研究、阿拉伯语教学。

被视为先进而正确的外语教学方法，这种观念被称为“交际法态度”。随着交际教学法的盛行，具有交际法特点的教材应运而生。

1.1.2 语法教学的重要性

尽管交际教学法已经成为外语专业教学的主要教学法，但语法教学仍具有重要价值，因为交际教学法存在一定的弊端。一方面，交际教学法打破了语法教学的系统性，不利于学生对语法知识的掌握。语法知识的掌握是语言交际能力形成的重要基础，缺乏语法知识会严重影响语言迁移，进而影响交际能力的形成，因为交际法的语言教学仅仅注重语言的意义，而忽视了语言的形式。尽管根据交际教学法编写的教材会按照语言的难易程度对课文学习顺序进行编排，但由于不同课文之间缺乏语法的系统性，同一课文中常常出现不同的语法现象，这种无章的语法排序会严重影响学习效果，挫伤学生的学习积极性。另一方面，交际教学法虽然以外语运用为宗旨，但在实际教学中，不乏有让学生机械地背记功能意念的歪曲现象。在此情况下，学习者难以发展出创造性运用外语进行交际的能力。因为在现实中，说话人必须参照多种信息进行表达，包括语法知识、上下文以及交际意图。此外，从交际法的实践成效来看，由于忽视了外语的形式，学习者虽然接触了大量语料，但仍不能正确使用特定的语法规则。因此，为了提高学生使用外语的准确率，需要进行语法教学。

1.1.3 语法与交际融合教学观念的兴起

越来越多的外语教育者提倡将交际教学和语法教学紧密结合，在课堂上兼顾语言形式的讲授与有意义的语言交流，从而使功能意念大纲的灵活性和语法大纲的系统性能够有效互补。为此，过程性教学、互动性反馈、增强文本的显性度、以任务为基础的教学、以语篇为基础的教学等语法教学新模式脱颖而出。

1.2 “基础阿拉伯语”课程的语法教学与问题

“基础阿拉伯语”课程所依托的教材《新编阿拉伯语》具有交际、语法融合教学的特征。一方面，教材以交际主题划分教学单元，这些主题涵盖个人、家庭与社会生活、政治、经济与文化等方面。教学目标是通过学习对话和课文，培养学生的阿拉伯语交际能力。另一方面，教材通过“注释”“书面练习”“语法”等环节，引导学生关注语言结构。可以说，基于《新编阿拉伯语》的“基础阿拉伯语”课程是功能主义和结构主义的结合与互补。

那么，如何处理语法教学与交际教学在该门课程中的关系？首先，根据教材特征和课程宗旨，语法教学和交际教学可以被定为融合教学的互补关系。

其次，交际与语法在课中应存在一定的地位差——培养语言技能是教学目的，交际教学是教学的基础，语法教学只是教学辅助和促成交际语言技能的重要途径之一。因此，“基础阿拉伯语”课中的语法教学，应该是基于交际的语法教学。

为此，本文将以对外经济贸易大学“基础阿拉伯语”课程为例，讨论“如何进行基于交际的语法教学”这一问题。该问题主要涉及两个分问题：

（1）如何在交际教学流程中融入语法教学？

（2）如何选取每课的语法教学知识点？

2 教学流程设计

2.1 交际教学流程

20 世纪 80 年代后，从交际教学法中发展出了一种新的教学理论——任务型教学。任务型教学以任务为核心设计教学步骤和组织语言教学的方法。这里的“任务”主要指学习者理解和产出目的语，并运用目的语进行互动交流的活动。在进行任务的过程中，学习者的注意力集中在语言意义而不是语言结构上。任务的“产出”主要包括口语表达、书面表达和翻译等形式。任务型教学最初将课堂教学分为“前任务”“任务”“反馈”三个阶段。在前任务阶段，教师通过讲解某些表达法、提供与随后要完成任务相类似的任务情景等，帮助学生了解任务、激活与任务相关的语言；在任务阶段，学生自己完成任务，如果遇到困难可向教师求援；在反馈阶段，教师对学生任务完成情况给出反馈，反馈结果既可以让学生了解自己的水平，也可以为教师随后的课堂教学计划提供信息。

任务型教学为以交际法为基础的课程教学流程设计提供了基本思路：① 教学以交际任务的产出为核心和目的；② 围绕交际任务产出的教学流程划分为三个阶段。近年来，中国学者文秋芳提出的产出导向法，可以说是对任务型教学的“中国式”实践发展。这主要体现在：产出导向法仍然是以交际任务的产出为核心和目的；产出导向法设计了驱动、促成、评价等三个教学步骤，是对任务型教学中“前任务”“任务”“反馈”三阶段的进一步发展。

根据任务型教学和产出导向法，本文尝试将阿拉伯语的交际教学环节分为三个教学步骤：

（1）任务确定和说明

任务的确定包括任务主题、形式和具体内容的确定。教师应整合教材中的对话、课文和相关练习，确定每一单元的任务主题（比如“旅游”“家庭”“医院”“运动”等）；确定任务的形式，包括口头表达（针对对话、课文内容、课文主题的问答、辩论、总结和复述等）、书面表达（问答、写作）、翻译等。最后，根据主题和形式，确定具体任务。任务的说明需要在课前进行。

（2）产出促成

产出促成就是教师辅助学生完成任务的过程，包含了一系列内容：为学生提供输入材料、帮助学生理解输入材料、指导学生使用输入材料完成产出任务。为学生提供输入材料：在中国高校阿拉伯语专业的基础课教学中，主要的输入材料是教材的对话和课文，此外，教师还可以提供与教学单元主题相关的文章。帮助学生理解输入材料：包括辅助学生理解文章的词、词组和句子，以及所涉及的语法知识。指导学生使用输入材料完成产出任务：可以通过小组讨论等形式，让学生将输入材料与产出任务建立关系。

（3）产出监督与评价

产出监督主要指教师检查学生的产出情况。对产出的评价包括课堂评价和课后评价。课堂评价一般针对口头表达和口译等产出任务，而课后评价一般针对书面表达和笔译等产出任务。

2.2 语法教学融入交际教学环节

随着语法教学和交际教学融合观念的兴起，目前，一些外语教育者提出以任务为基础的语法教学模式，其目的在于提高学习者对语言形式的意识程度，从而提高语言技能使用的正确率。外语教学研究者 Ellis 在 2003 年提出了关于语法的三种任务——以结构为基础的产出型任务、理解型任务、增强意识的任务。根据这一理论，在基于交际的语法教学中，语法教学可以在下列三个方面得以实现：

（1）设置专门的语法任务

该任务与上述的增强意识的语法任务对应。在教学中，设置一些专门的语法任务，任务产出形式可以包括填空、翻译、造句和总结等。这些语法任务的确定应该基于教材的对话、课文，可以选择首次出现的新语法知识，也可以选择已学过的语法知识。

（2）在交际任务中加入语法要求

该方法与上述以结构为基础的产出型任务对应。在教学中，教师在确定和说明产出任务时，同时提出对口语表达、书面表达和翻译的语法要求。例如，要求学生在写作中必须使用 5 个不同的状态状语形式，或者在关于课文内容的问答中使用程度状语等。

（3）进行语法的产出促成

该方法与上述理解型任务对应。在产出促成环节，教师根据对话和课文内容，进行相应的语法教学。这一语法教学可以分为三种不同的形式：第一，在课前或课堂为学生提供解释；第二，在课前或课堂为学生提供精心设计的语法材料；第三，在课前为学生提出语法疑问，要求通过阅读相关参考资料进行自学。

3 选取语法教学点

3.1 课程学习所需的语法知识

中国高校阿拉伯语专业基础课教学所需的语法知识的确定，主要是基于阿拉伯语的基本语法现象和《高等学校阿拉伯语教学大纲》所列的中国高校阿拉伯语专业基础阶段所应掌握的语法大纲。《高等学校阿拉伯语教学大纲》罗列了 6 类涵盖词法、句法的需掌握的基本语法现象，见表 1。

表 1 《高等学校阿拉伯语教学大纲》列出的基本语法知识点分类

序号	语法类别	所含语法点
1	名词	（1）名词的性；（2）名词的数（双数、复数）；（3）名词的格（包含变尾名词、定尾名词、半变尾名词）；（4）名词的指；（5）代词（包含疑问代词、指示代词、人称代词、关系代词、分离代词、叙事代词等）；（6）派生名词（包含主动名词、被动名词、半主动名词、从属名词、比较名词、时空名词、工具名词等）；（7）数词；（8）词根（包含普通词根、人造词根、表次词根、形态词根等）；（9）五个名词
2	动词	（1）动词变位（包含过去式、现在式和命令式）；（2）及物动词和不及物动词；（3）动词词式；（4）被动动词；（5）动词的格；（6）残缺动词；（7）心意动词；（8）动名词
3	虚词	（1）疑问和应答虚词；（2）连接虚词；（3）否定、禁戒和命令虚词；（4）词根性虚词；（5）إنّ类虚词；（6）强调虚词；（7）将来虚词（سوف）；（8）呼唤虚词；（9）除外虚词；（10）条件虚词；（11）解释虚词（أيْ）；（12）提醒虚词（يا \ أمَّا）；（13）详述虚词（إمّا）；（14）介词
4	词组	（1）形容词短语；（2）指示代词短语；（3）意义正偏组合；（4）介词短语；（5）时空短语；（6）词根性虚词短语；（7）词根短语；（8）关系代词短语；（9）文字正偏组合；（10）因缘形容词短语

续表

序号	语法类别	所含语法点
5	句子的成分与时态	(1) 起语；(2) 述语；(3) 主语；(4) 宾语；(5) 定语；(6) 状态状语；(7) 时空状语；(8) 原因目的状语；(9) 程度状语；(10) 同位语；(11) 强调语；(12) 区分语；(13) 句子的时态
6	特殊句式	(1) 疑问句；(2) 条件复句；(3) 祈使复句；(4) 除外句；(5) 感叹句；(6) 特指宾语句；(7) 起誓句

3.2 阿拉伯语基础语法学习顺序

3.2.1 语法习得顺序的相关理论

20 世纪 70 年代末 80 年代初，德国汉堡大学开展了调查以德语作为第二语言的语序习得顺序的项目。根据受访者调查的结果，研究人员 Pienemann 提出了“多元发展模型”理论，以划分德语作为二语习得的 5 个阶段——典型顺序、副词前置、动词分离、倒装、动词结尾。在此基础上，Pienemann 提出“可教性假设”。这一理论认为，语言加工具有递增性，语言产出呈线性延伸。上述理论可详述为：外语学习者首先习得缺乏形态变化的词汇以及简单且与母语相近的句法特征；在第二阶段，学习者开始接触词汇的形态变化以及语序为典型的主谓关系的句子；在第三阶段，学习者开始进行名词词组加工，句法上开始出现倒装和次要成分；在语言发展的第四阶段，学习者使用句子加工程序处理词组之间的信息；最后一个阶段，学习者开始掌握主句与从句的关系。上述理论成为近年来认知科学视角下语言迁移理论研究的新成果，对规划语法教学顺序具有重要的参考价值。

3.2.2 教材语法知识出现的顺序和特点

语法教学顺序的排列需要结合具体的基础外语教材才能应用于教学实践。《新编阿拉伯语》是中国高校阿拉伯语专业基础课的主要教材，其中，第 1～3 册主要对应阿拉伯语专业基础（初级、中级）课程。该教材以不同的交际任务和情景划分教学单元。教材的编排注重交际性和实用性，从基本的功能意念入手，而后聚焦于对生活空间的描绘、对家庭情况的介绍、对日常生活情形的叙述等。随着学习的深入，教学主题逐渐涉及各类社会生活议题。尽管教材未按照语法结构进行逐课编排，但是整体上遵循了先易后难、循序渐进和温故知新的语言教学规律，这为规划语法教学顺序提供了实际的可能性。

根据上述因素，基于交际法的阿拉伯语语法教学可以被划分为 5 个阶段。在第一阶段，阿拉伯语学习者所具备的汉语、英语语言基础会对认知产生正迁移。在跨语言影响和课堂干预下，学习者可以认知阿拉伯语名词、简单词组、名词句（具有典型顺序特征）等形式。在第二阶段，学习者开始学习动词、动词句、常与动词搭配使用的虚词和词组类型等，并掌握易于语际迁移的句子次要成分。经过上述两个阶段，学习者对阿拉伯语主要的两类词（名词、动词）和两类句（名词句、动词句）都有了一定的认知，也掌握了组成句子成分的主要词组类型。在第三阶段，学习者基于已有的名词和动词词汇量，对名词、动词的相关主要词法进行归纳与演绎，在句法上进行线性延伸，扩充句子的次要成分。在第四阶段，学习者在词法上的重心转移至虚词和难度较高的代词，句法的重心则转移至复句。在第五阶段，主要强调语法应用于交际的综合性应用、语法现象的查缺补漏和零散语法点的归纳汇总。见表 2。

表 2 “基础阿拉伯语”课的语法教学 5 阶段

阶段	时间	对应教材单元	语法教学点
1	2 个月	第 1 册第 1～12 课	（1）名词：性、数、格、指、疑问代词、指示代词、人称代词 （2）虚词：疑问和应答虚词、介词 （3）词组：形容词短语、指示代词短语、意义正偏组合、介词短语、时空短语 （4）句子：起语、述语 （5）特殊句式：疑问句
2	3 个月	第 1 册第 13～23 课	（1）名词：数词、普通词根 （2）动词：动词变位（包含过去式、现在式和命令式）、及物动词和不及物动词 （3）虚词：否定、禁戒、命令、词根性虚词 （4）词组：词根性虚词短语、词根短语 （5）句子：主语、宾语、状态状语、时空状语
3	2 个月	第 2 册第 1～8 课	（1）名词：定尾名词、半变尾名词、派生名词、五个名词 （2）动词：动词词式、被动动词、动词的格、残缺动词 （3）虚词：إِنَّ类虚词、将来虚词、呼唤虚词 （4）句子：定语、原因目的状语、句子的时态
4	2 个月	第 2 册第 9～16 课	（1）名词：分离代词、叙事代词、关系代词、人造词根、表次词根、形态词根 （2）虚词：除外虚词、条件虚词 （3）词组：文字正偏组合 （4）句子：程度状语、同位语、强调语、区分语 （5）特殊句式：条件复句、除外句
5	4 个月	第 3 册第 1～16 课	各类零碎语法现象的总结

3.3 语法教学点类型划分

按照上述提出的教学环节、融合方式以及语法学习顺序，教师会面对另一个重要的难题，即教师无法在一个教学单元中，将所有语法知识都纳入教学任务。这是因为，现有阿拉伯语基础课教材的编排具有下述几个与语法相关的特征：① 语法知识在教材中出现的先后顺序并未按照语法对于中国学生的难易程度编排；② 同一个语法知识的不同方面可能分散在多篇课文中；③ 多个不同的新语法知识可能共存于一篇课文中。因此，若讲解所有的新语法知识点，则会影响交际教学的进行。同时，由于一个语法知识点的不同方面分散在教材的多篇课文中，因此学生无法通过一篇课文的学习真正掌握某一语法知识点。

对此，产出导向法列出的"选择性学习假设"具有重要意义，认为根据产出需要，从输入材料中挑选出有用的部分进行深度加工、练习和记忆，更能优化学习效果。如果焦点不集中，有限资源分散在多个焦点上，学习有效性自然不会高。这种观念不同于传统的基础课教学模式。传统的基础课教学模式属于非选择性学习，即将课文中出现的所有语言现象不加选择地进行加工，期待学生掌握课文中的一切新知识。这样必然费时耗力，且收效不高。本文根据"选择性学习假设"将单元教学中的语法知识进行目标分类，主要分为三类：

（1）掌握型目标，即对输入材料的理解、产出任务的完成具有重要作用的新语法知识。学生需要掌握其用法。

（2）了解型目标，即难度远高于学生的语言水平，对产出任务的完成影响小的新语法知识。学生不需要掌握其用法，只需要了解该语法现象的存在，并据此理解语料的意义即可。

（3）巩固型目标，即已经学过或在以往的学习中出现过的语法知识。当它们重复出现时，教师应提醒学生注意归纳、总结或加强理解与应用。

对待掌握型目标的语法知识，教师可以采用设置专门的语法任务、在交际任务中加入语法要求、进行语法的产出促成等方法进行教学。其中，在产出促成中，可以为学生提供一定数量的语料，帮助学生对语法现象进行假设、推理、分析、讨论和总结等。

对待了解型目标的语法知识，教师可以采用在课前或课堂为学生提供解释的方法，提醒学生注意相关的语法现象；也可以要求学生在阅读课文后提出相应的问题，教师对此进行简要的解答。

对待巩固型目标的语法知识，教师需要帮助学生进行语法规则再建构，要求学生联系已经学过的相同或类似的语法现象进行比较分析，对语法知识进行归纳和总结。同时，通过操练巩固型目标的语法知识，学生的语言可以进入成熟阶段，将显性的知识转化为隐性的知识。

例如，词根性虚词أنّ是阿拉伯语中一个重要的语言现象，学生对该语法点的习得需要一个迁移过程。该语法现象在《新编阿拉伯语》教材前 3 册中共有 6 次现于句型、注释、练习。第 1 次出现于第 1 册第 16 课，可作为了解型目标的语法知识；第 2 次出现于第 1 册第 17 课，可作为掌握型目标的语法知识；第 3～4 次分别出现于第 2 册第 8 课、第 13 课练习，练习涉及该语法现象与其他语法现象的辨别和应用，属于语法的再建构，可作为巩固型目标的语法点；此外，在第 3 册第 9 课、第 16 课练习再次出现专门的语法点练习，可以帮助学生将显性的陈述性知识转化为隐性的过程性知识。

4 总结

结合阿拉伯语基础教材和阿拉伯语基础教学实践，我们认为语法教学可以充分融入到交际教学中。语法教学融入交际教学，需解决两个主要问题，即融合教学模式的设计和语法教学点的设计。在融合教学模式的设计上，以结构为基础的产出型任务可以适用于交际教学中的语法学习，在具体的教学流程设计中，国内近年流行的“产出导向法”可以起到借鉴作用；语法教学点的设计，既要符合实际的教材编写情况，又要符合语法学习的过程理论和规律。

参考文献：

戴炜栋，陈莉萍，2005. 二语语法教学理论综述［J］. 外语教学与研究，37：92-99.

衡仁权，2007. 国外语法教学研究的最新发展综述［J］. 外语界（6）：25-34.

李广凤，2015. 任务型教学的形成、引进、探索和趋势［J］. 课程・教材・教法，35（9）：108-116.

文秋芳，2015. 构建“产出导向法”理论体系［J］. 外语教学与研究，47：547-558.

张伊娜，2006. 交际教学法问题之思考［J］. 外语与外语教学（4）：21-23.